Taevas II

Kaksteist väravat on kaksteist pärlit,
iga värav ühest pärlist,
ning linna tänav on puhtast kullast otsekui läbipaistev klaas.
(Johannese ilmutus 21:21)

Taevas II

Täis Jumala au

Dr Jaerock Lee

Taevas II Autor: Dr Jaerock Lee
Kirjastaja: Urim Books (Esindaja: Seongnam Vin)
73, Yeouidaebang-ro 22-gil, Dongjak-gu, Sõul, Korea
www.urimbooks.com

Autoriõigusele allutatud. Seda raamatut või selle osasid ei ole lubatud kirjastaja kirjaliku loata mingil kujul reprodutseerida, otsingusüsteemis säilitada ega edastada mingil kujul ega mingite elektroonsete, mehaaniliste vahenditega sellest fotokoopiaid ega salvestusi teha ega seda mingil muul viisil edastada.

(Piiblitsitaadid: Piibel, Tallinn, 1997 – Eesti Piibliseltsi väljaanne)

Autoriõigus © 2017 Dr Jaerock Lee
ISBN: 979-11-263-0373-1 04230
ISBN: 979-11-263-0111-9 (set)
Tõlke autoriõigus © 2011 Dr Esther K. Chung. Kasutatud autori loal.

Eelnevalt avaldatud korea keeles: Urim Books, 2002

Esmaväljaanne novembris, 2017

Toimetaja: Dr Geumsun Vin
Kujundaja: Urim Books toimetusbüroo
Trükkija: Prione Priting
Lisateabeks võtke palun ühendust aadressil: urimbook@hotmail.com

Eessõna

Ma palun, et te võiksite saada Jumala tõeliseks lapseks ja jagada tõelist armastust igavese õnne ja rõõmuga Uues Jeruusalemmas, kus on Jumala armu küllus...

Ma annan kogu tänu ja au Isa Jumalale, kes on mulle selgelt ilmutanud taevase elu kohta ja õnnistanud meid *Taevas I: Särav ja Kaunis Kui Mägikristall* ja nüüd *Taevas II: Täis Jumala au* kirjastamiseks.

Ma igatsesin Taeva kohta üksikasjalikke teadmisi saada ja palvetasin ja paastusin lakkamata. Jumal vastas mu palvetele lõpuks seitsme aasta pärast ja täna ilmutab Ta sügavamaid saladusi vaimumaailma kohta.

Esimeses raamatus kaheosalisest Taeva seeriast tutvustasin ma lühidalt Taeva erinevaid eluasemeid ja liigitasin need paradiisiks, esimeseks taevariigiks, teiseks taevariigiks, kolmandaks taevariigiks ja Uueks Jeruusalemmaks. Teises osas uuritakse veelgi üksikasjalikumalt kogu Taeva kõige ilusamat ja aulisemat elukohta – Uut Jeruusalemma.

Armastuse Jumal näitas apostel Johannesele Uut Jeruusalemma ja lubas tal nähtu Piiblisse kirja panna. Täna on Isanda tagasitulek veelgi lähemal ja Jumal valab Püha Vaimu arvukate inimeste peale välja ning ilmutab Taevast eriti üksikasjalikult. See on nii, kuna kogu maailmas hakkavad uskmatud uskuma elusse pärast surma, mis koosneb Taevast ja põrgust ja need, kes tunnistavad oma usku Kristusesse, elavad Temas võidukalt ja püüavad evangeeliumi kogu maailmas levitada.

Sellepärast manitses apostel Paulusus, kes oli paganatele evangeeliumi viimise eesotsas, oma vaimset poega Timoteost ja ütles talle: *„Aga sina ole igati kaine, kannata kurja, tee evangeeliumikuulutaja tööd, täida oma hoolekandetööd"* (2. Timoteosele 4:5).

Jumal ilmutas mulle selgelt Taevast ja põrgut, et ma levitaksin tulevase ajastu seletust maailma neljas nurgas. Jumal tahab, et kõik inimesed tuleksid päästmisele; Ta ei taha ühegi hinge põrgusse minekut näha. Veel enam, Jumal tahab, et võimalikult

Eessõna

palju inimesi läheksid Uude Jeruusalemma ja elaksid seal alaliselt. Seega ei peaks keegi neid Jumala käest Püha Vaimu ilmutuse teel saadud sõnumeid hukka mõistma ega taunima.

Taevas II leiate te suure hulga Taevast puudutavaid saladusi, mis puudutavad näiteks enne aja algust olemas olnud Jumala ilmumist, Jumala trooni ja sarnast. Ma usun, et taolised üksikasjad ja seletused toovad kõigile inimestele, kes soovivad tõsiselt Taevasse minna, tohutult palju õnne ja rõõmu.

Uue Jeruusalemma linn, mis ehitati Jumala mõõtmatu armastuse ja hämmastava väega, on täis Tema au. Uues Jeruusalemmas on vaimne mäetipp, kus Jumal moodustus Kolmainsuseks, et inimese kasvatamist teoks teha ja Jumala troon. Kas te suudate ette kujutada, kui suurepärane, ilus ja ere on kogu see koht? See on fantastiline püha paik, mida inimlik mõistus ei suuda hoomata!

Seega teil tuleb aru saada, et igaüks, kes päästetakse, ei saa tasuks Uut Jeruusalemma. Selle asemel antakse see vaid jumalalastele, kelle südamed on pärast siin maailmas pikka aega kasvatamist muutunud lõpuks puhtaks ja selgeks kui mägikristall.

Ma tänan selle väljaande eest eraldi Geumsun Vini, toimetusbüroo juhatajat, meeskonnaliikmeid ja tõlkebürood.

Ma õnnistan Isanda nimel iga selle raamatu lugejat ja soovin, et nad võiksid saada Jumala tõelisteks lasteks ja jagada tõelist armastust igavese õnne ja rõõmuga Uues Jeruusalemmas, mis on täis Jumala au!

Jaerock Lee

Sissejuhatus

Lootes, et te saate õnnistatud kui te saate Uue Jeruusalemma kohta kõige selgema kirjelduse ja elate igavikus Jumala troonile nii lähedal kui võimalik...

Ma tänan ja austan Jumalat, kes on meid õnnistanud *Taevas I: Särav ja Kaunis Kui Mägikristall* ja nüüd selle järje *Taevas II: Täis Jumala au* kirjastamiseks.

Selles raamatus on üheksa peatükki, kus on Taeva kõige pühama ja ilusama asukoha – Uue Jeruusalemma selge kirjeldus, mis räägib selle suurusest, hiilgusest ja sealsest elust.

1. peatükis: „Uus Jeruusalemm: Täis Jumala au" antakse Uue Jeruusalemma ülevaade ja selgitatakse saladusi, mis puudutavad Jumala trooni ja vaimumaailma tippkohtumist, kus Jumal moodustus Kolmainsuseks.

2. peatükis: „Kaheteistkümne suguharu ja kaheteistkümne apostli nimed" kirjeldatakse Uue Jeruusalemma linna

välimust. See on ümbritsetud kõrgete hiiglaslike müüridega ja kaheteistkümne Iisraeli suguharu nimed on graveeritud linna kaheteistkümnele väravale kõigis neljas küljes. Linna kaheteistkümnel aluskivil on kaheteistkümne apostli nimed ja iga graveeringu põhjust ja tähendust selgitatakse.

3. peatükis „Uue Jeruusalemma suurus" kirjeldatakse Uue Jeruusalemma välimust ja mõõtmeid. Selles peatükis selgitatakse, miks Jumal mõõdab Uue Jeruusalemma suurust kuldse pillirooga ja sellesse linna pääsemiseks ja seal elamiseks on vaja omada kõiki vastavaid kuldse pillirooga mõõdetavaid vaimseid omadusi.

4. peatükis „Tehtud puhtast kullast ja igasugust värvi kalliskividest" uuritakse üksikasjalikult iga materjali, millest Uue Jeruusalemma linn on ehitatud. Kogu linn on kaunistatud puhta kulla ja muude vääriskividega ja peatükis kirjeldatakse nende värvide ilu, sära ja valgust. Lisaks sellele arutletakse selles peatükis ka vaimse usu tähtsuse üle, selgitades põhjust, miks Jumal kaunistas linnamüürid jaspisega ja kogu Uue Jeruusalemma klaasja puhta kullaga.

Sissejuhatus

5. peatükis „Kaheteistkümne aluskivi tähendus" saate te teada kaheteistkümnele aluskivile ehitatud Uue Jeruusalemma müüridest ja jaspise, safiiri, kaltsedoni; smaragdi, sardoonüksi, karneooli, krüsoliidi, berülli, topaasi, krüsopraasi, hüatsindi ja ametüsti ilust ja vaimsest tähendusest. Kui liita kõigi kaheteistkümne vääriskivi vaimne tähendus, võib näha Jeesuse Kristuse ja Jumala südant. Selles peatükis julgustatakse teid saavutama kaheteistkümne vääriskivi sümboliga kujutatud süda, et te võiksite siseneda Uue Jeruusalemma linna ja seal igavesti elada.

6. peatükis „Kaksteist pärliväravat ja kuldne tee" selgitatakse põhjuseid ja vaimset tähendust, miks Jumal tegi kaksteist pärliväravat ning samuti klaasja kuldtee vaimset tähendust. Nii nagu pärlikarp annab pärast suurt vaeva kallihinnalise pärli, julgustatakse teid selles peatükis Uue Jeruusalemma kaheteistkümne pärlivärava suunas jooksma, võites igasugused raskused ja katsumused usu ja lootusega.

7. peatükis „Võluv vaatepilt" viiakse teid alati eredalt valgustatud Uue Jeruusalemma linnamüüride taha. Te saate teada

fraasi „Jumal ja Tall on ta tempel" vaimset tähendust ja Isanda eluasemeks oleva lossi suurust ja ilu ning Uude Jeruusalemma Isandaga igavikku veetma mineva rahva au.

8. peatükis „Ma nägin püha linna, Uut Jeruusalemma" tutvustatakse paljude muude maa peal ustavat ja pühitsetud elu elanud inimeste seast, kes saavad Taevas suuri tasusid, ühe inimese maja. Te saate ettekujutuse Uues Jeruusalemmas ees ootavatest õnnelikest päevadest, kui te loete taevaste majade erinevatest suurustest ja hiilgusest, paljudest rajatistest ja üldisest elust Taevas.

Üheksas ja viimane peatükk „Uue Jeruusalemma esimene pidusöömaaeg" viib Uues Jeruusalemmas pärast suure valge trooni kohut toimunud esimese pidusöömaaja sündmuskohale. Ühes mõne Jumala trooni lähedal elava usuisa tutvustusega, lõpeb *Taevas II* iga lugeja õnnistamisega, et nende süda oleks puhas ja särav kui mägikristall ja et nad võiksid Uues Jeruusalemmas asuvale Jumala troonile lähemal elada.

Mida rohkem Taeva kohta teada saada, seda imepärasemaks see

muutub. Uus Jeruusalemm, mida võib pidada Taeva „tuumaks," on Jumala trooni asukoht. Kui te teate Uue Jeruusalemma ilu ja au kohta, on teil kindlasti ja tõsiselt taevalootus ja te saate selgesti aru oma elust Kristuses.

Kuna Jeesuse tagasituleku aeg, enne mida Ta lõpetab meie jaoks taevaste eluasemete ettevalmistamise, on tänapäeval väga lähedal, loodan ma raamatuga *Taevas II: Täis Jumala au,* et teie valmistuksite samuti igaveseks eluks.

Ma palun Isanda Jeesuse Kristuse nimel, et te võiksite elada Jumala trooni lähedal, pühitsedes end Uue Jeruusalemma kirgliku elulootusega ja olles ustav kõigis Jumalalt saadud kohustes.

Geumsun Vin,
Toimetusbüroo juhataja

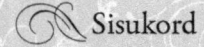# Sisukord

Eessõna

Sissejuhatus

1. peatükk **Uus Jeruusalemm: Täis Jumala au • 1**

    1. Uues Jeruusalemmas on Jumala troon
    2. Algne Jumala troon
    3. Talle pruut
    4. Hiilgav nagu eredad kalliskivid ja selge kui mägikristall

2. peatükk **Kaheteistkümne suguharu ja kaheteistkümne apostli nimed • 15**

    1. Kaksteist inglit valvavad väravaid
    2. Kaheteistkümnele väravale graveeritud kaheteistkümne Iisraeli suguharu nimed
    3. Kaheteistkümnele aluskivile graveeritud kaheteistkümne jüngri nimed

3. peatükk **Uue Jeruusalemma suurus • 35**

    1. Kuldpillirooga mõõdetud
    2. Nelinurkne Uus Jeruusalemm

4. peatükk **Tehtud puhtast kullast ja igasugust värvi kalliskividest • 45**

    1. Kaunistatud puhta kulla ja igasuguste vääriskividega
    2. Uue Jeruusalemma müürid on jaspisest
    3. Tehtud selge klaasi taolisest puhtast kullast

5. peatükk   **Kaheteistkümne aluskivi tähendus • 57**

    1. Jaspis: Vaimne usk
    2. Safiir: Ausus ja meelepuhtus
    3. Kaltsedoon: Süütus ja ohvrimeelne armastus
    4. Smaragd: Õiglus ja puhtus
    5. Sardoonüks: Vaimne ustavus
    6. Karneool: Kirglik armastus
    7. Krüsoliit: Halastus
    8. Berüll: Kannatlikkus
    9. Topaas: Vaimne headus
    10. Krüsopraas: Enesevalitsus
    11. Hüatsint: Puhtus ja pühadus
    12. Ametüst: Ilu ja tasadus

6. peatükk   **Kaksteist pärliväravat ja kuldne tee • 105**

    1. Kaksteist pärliväravat
    2. Puhtast kullast tänavad

7. peatükk   **Võluv vaatepilt • 121**

    1. Pole vaja päikesepaistet ega kuuvalgust
    2. Uue Jeruusalemma hurm
    3. Igavesti Isanda – meie peigmehega
    4. Uue Jeruusalemma elanike au

8. peatükk   **„Ma nägin püha linna, Uut Jeruusalemma" • 145**

    1. Kirjeldamatult suured taevased majad
    2. Täiesti privaatne suurejooneline loss
    3. Taevased vaatamisväärsused

9. peatükk   **Uue Jeruusalemma esimene pidusöömaaeg • 173**

    1. Uue Jeruusalemma esimene pidusöömaaeg
    2. Prohvetid Taeva esimeses grupis
    3. Jumala silmis ilus naine
    4. Maarja Magdaleena on Jumala trooni lähedal

1. peatükk

Uus Jeruusalemm: Täis Jumala au

1. Uues Jeruusalemmas on Jumala troon
2. Algne Jumala troon
3. Talle pruut
4. Hiilgav nagu eredad kalliskivid ja selge kui mägikristall

Ja ta kandis mu vaimus
suurele ja kõrgele mäele
ning näitas mulle linna, püha Jeruusalemma,
mis on alla tulemas Taevast Jumala juurest
ja millel on Jumala kirkus,
ning ta valgus on kõige kallima kivi sarnane,
otsekui jaspis, mis hiilgab nagu mägikristall.

- Johannese ilmutus 21:10-11 -

Taevas on neljamõõtmelise maailma valdkond, mida valitseb armastuse ja õiguse Jumal ise. Isegi kui Taevas ei ole silmaga nähtav, on see kindlasti olemas. Kui palju õnne, rõõmu, tänu ja au tulvab Taevas, kuna see on parim and, mille Jumal valmistas oma lastele, kes pärisid pääsemise?

Ometi on Taevas erinevad eluasemed. Seal on Uus Jeruusalemm, kus asub Jumala troon ja seal on ka paradiis, kus viibivad alaliselt vaevu pääsenud inimesed. Nii nagu elu hurtsikus ja kuningalossis erinevad ka siin maa peal märkimisväärselt, erineb au paradiisi ja Uude Jeruusalemma minnes väga palju.

Sellegipoolest, mõned usklikud peavad „Taevast" ja „Uut Jeruusalemma" samaks ja mõned nende seast ei tea isegi Uue Jeruusalemma olemasolu kohta. Kui hale see on! Taevast ei ole lihtne oma valdusse saada ka siis kui selle kohta teadmisi omada. Kuidas siis võib inimene jõuda Uude Jeruusalemma kui ta selle kohta midagi ei tea?

Sellepärast ilmutas Jumal apostel Johannesele Uut Jeruusalemma ja lasi tal nähtu üksikasjalikult Piiblisse kirja panna. Johannese ilmutuse 21. peatükis tuuakse Uue Jeruusalemma kohta üksikasjalikke selgitusi ja Johannest liigutas üksnes selle välimuse nägemine.

Ta tunnistas Johannese ilmutuses 21:10-11: *„Ja ta kandis mu vaimus suurele ja kõrgele mäele ning näitas mulle linna, püha Jeruusalemma, mis on alla tulemas Taevast Jumala juurest ja millel on Jumala kirkus, ning ta valgus on kõige kallima kivi sarnane, otsekui jaspis, mis hiilgab nagu mägikristall."*

Miks siis on Uus Jeruusalemm täis Jumala au?

1. Uues Jeruusalemmas on Jumala troon

Uues Jeruusalemmas on Jumala troon. Kuivõrd palju on Uus Jeruusalemm täis Jumala au, kuna Jumal ise elab seal? Sellepärast võibki Johannese ilmutuses 4:8 näha, et inimesed toovad Jumalale au, tänu ja auavaldusi päeval ja öösel: *„Ning neil neljal olevusel oli igaühel kuus tiiba, ümberringi ja seest silmi täis, ning nad ei lakanud ööl ega päeval hüüdmast: Püha, püha, püha on Isand Jumal Kõigeväeline, kes oli ja kes on ja kes tuleb!"*

Uut Jeruusalemma kutsutakse ka „Pühaks linnaks," sest see tehti uutmoodi, tõese, veatu Jumala Sõna abil, kes on valgus ise ja kelles ei ole mingit pimedust.

Jeruusalemm on koht, kus Jeesus, kes tuli lihas kogu inimkonnale pääsemise teed tegema, kuulutas evangeeliumi ja täitis käsuseaduse armastusega. Seega, Jumal ehitas Uue Jeruusalemma elukohaks kõigile usklikele, kes täitsid käsuseaduse armastusega.

Jumala troon keset Uut Jeruusalemma

Kus on siis Jumala troon Uues Jeruusalemmas? Vastus on näha Johannese ilmutuses 22:3-4:

> *Ja midagi äraneetut ei ole enam. Jumala ja Talle troon on seal ning Ta sulased teenivad Teda ning näevad Tema palet ja Tema nimi on nende otsaesisel.*

Jumala troon asub keset Uut Jeruusalemma ja vaid need, kes

Jumala Sõnale kuuleka sulasena kuuletuvad, võivad sinna minna ja Jumala palet näha. See on nii, kuna Jumal ütles Heebrealastele 12:14: „*Taotlege rahu kõikidega ja pühitsust, milleta keegi ei saa näha Isandat*" ja Matteuse 5:8: „*Õndsad on puhtad südamelt, sest nemad näevad Jumalat.*"

Seega tuleks mõista, et igaüks ei saa minna Uude Jeruusalemma, kus asub Jumala troon, samamoodi nagu ka siin maailmas igaüks ei või siseneda tuppa ega hoonesse, kus asub president või kuningas ja näha teda palest palgesse.

Kuidas näeb Jumala troon välja? Mõned võivad arvata, et see näeb välja vaid nagu üks suur tool, kuid tegelikult ei ole nii. Kitsamas mõttes esindab see istet, millel Jumal istub, kuid laiemas mõttes tähendab see Jumala eluaset.

Seega tähistab „Jumala troon" Jumala eluaset ja Ta Uue Jeruusalemma keskel asuva trooni ümber on vikerkaared ja kahekümne nelja vanema troonid.

Vikerkaared ja kahekümne nelja vanema troonid

Johannese ilmutuses 4:3-6 võib tunda Jumala trooni ilu, toredust ja suurust:

> *Ja trooni ümber oli kakskümmend neli trooni ning neil troonidel istus kakskümmend neli vanemat, valged rõivad üll ja peas kuldpärjad. Troonist tuli välja välke ja hääli ja kõuemürinaid, ning seitse tulelampi oli põlemas trooni ees; need olid Jumala seitse vaimu. Trooni ees oli nagu klaasmeri, mägikristalli sarnane.*

> *Trooni keskpaigas ja trooni ümber oli neli olevust, täis silmi eest ja tagant.*

Paljud inglid ja taevaväed teenivad Jumalat. On ka palju muid vaimolendeid nagu keerubid ja neli elavat olendit, kes Teda valvavad.

Samuti on Jumala trooni ette laotunud klaasmeri. See on väga ilus vaatepilt, paljude eri valgustega, mis peegelduvad Jumala trooni ümbritseval klaasmerel.

Kuidas kakskümmend neli vanemat ümbritsevad Jumala trooni? Kaksteist nende seast asuvad Isanda taga ja ülejäänud kaksteist Püha Vaimu taga. Need kakskümmend neli vanemat on pühitsetud ja neil on õigus Jumala ees tunnistust anda.

Jumala troon on nii ilus, suurejooneline ja selle suurus on inimliku ettekujutusvõimega hoomamatu.

2. Algne Jumala troon

Apostlite tegudes 7:55-56 jutustatakse, kuidas Stefanos nägi Talle trooni Jumala troonist paremal:

> *Stefanos aga, täis Püha Vaimu, vaatas ainiti Taevasse ja nägi Jumala kirkust ning Jeesust seismas Jumala paremal käel ja ütles: „Ennäe, ma näen taevaid avanevat ja Inimese Poja seisvat Jumala paremal käel."*

Stefanosest sai märter, kui ta visati kividega surnuks sel ajal kui ta kuulutas julgelt Jeesusest Kristusest. Just enne Stefanose surma avanesid tema vaimusilmad ja ta võis näha Isandat Jumala troonist paremal seismas. Isand ei saanud istuma jääda teadmisega, et Stefanosest saab peagi märter tema sõnumit kuulnud juutide tõttu. Seega Isand tõusis oma troonilt ja valas pisaraid, näes Stefanose kividega surnuks pildumist ja Stefanos nägi seda vaatepilti avatud vaimusilmadega.

Samuti nägi Stefanos Jumala trooni, kus viibivad Jumal ja Isand ja te peaksite mõistma, et see troon erineb troonist, mida apostel Johannes nägi Uues Jeruusalemmas.

Vanasti kui kuningas lahkus paleest, et maa ja rahva käekäigu eest hoolitseda, ehitasid ta töötajad kuninga ajutiseks viibimiseks palee sarnase koha. Samamoodi ei ole Jumala troon Uues Jeruusalemmas see troon, kus Jumal tavaliselt viibib, vaid see troon, kus Ta on lühiajaliselt.

Jumal eksisteeris üksinda valguse näol

Jumal oli üksinda olemas ja hõlmas kogu universumi enne aegade algust (2. Moosese raamat 3:14; Johannese 1:1; Johannese ilmutus 22:13). Universum ei olnud siis samasugune, mida me praegu oma füüsiliste silmadega näeme, vaid see oli üks ruum enne vaimseks ja füüsiliseks maailmaks jagunemist. Jumal oli valguse näol olemas ja paistis kogu universumis.

Ta ei olnud lihtsalt valguskiir, vaid eksisteeris särava, ilusa valgusena, mis sarnanes vikerkaarevärves veevoolule. Te suudate sellest paremini aru saada, kui te mõtlete põhjapooluse ümber nähtavatele virmalistele. Virmalised koosnevad kardinataoliselt laotunud erivärvi valguste rühmast ja seda vaatepilti peetakse nii ilusaks, et kes iganes seda kord näeb, ei unusta kunagi selle ilu.

Siis kuivõrd palju kordi ilusam on valguse enese – Jumala valgus ja kuidas me võime väljendada nii paljude ilusate segunenud valguste hiilgust?

Sellepärast öeldakse 1. Johannese 1:5: *„Ja see on sõnum, mida me oleme kuulnud Temalt ja kuulutame teile: Jumal on valgus ja Temas ei ole mingit pimedust."* „Jumal on valgus" ei öelda mitte vaid vaimse tähenduse väljendamiseks, vaid ka enne algust valguse näol olemas olnud Jumala välimuse kirjeldamiseks.

Seesama Jumal, kes oli enne aja algust üksinda valguse näol universumis olemas, oli täidetud häälega. Jumal oli häälega valguse näol olemas ja see hääl oli „Sõna", mida mainitakse Johannes 1:1: *„Alguses oli Sõna ja Sõna oli Jumala juures ja Sõna oli Jumal."*

Ruumis, kus Jumal eksisteeris kajava häälega valguse kujul, on eraldi ruumid Isa, Poja ja Püha Vaimu jaoks, kus nad viibivad ja puhkavad. Alas, kus on Jumala esialgne troon algses ruumis, asub ka puhkeruum ning samuti ka jututoad ja jalutusrajad.

Üksnes väga spetsiaalsed inglid ja need, kelle süda sarnaneb Jumala südamele, võivad sellesse kohta minna. See koht asub eraldi ja on saladuslik ja turvaline. Veelgi, see koht, kus asub Kolmainu Jumala troon, on ruumis, kus Jumal oli alguses üksinda olemas ja see on neljandas taevas, mis asetseb kolmandas taevas asuvast Uuest Jeruusalemmast eraldi.

3. Talle pruut

Jumal tahab, et kõik inimesed sarnaneksid Tema südamele ja läheksid Uude Jeruusalemma. Aga Ta näitas ikkagi üles halastust nende vastu, kes ei saavutanud inimarengu ajal toda pühitsuse taset. Ta jaotas taevariigi paljudeks eluasemeteks paradiisist esimese, teise ja kolmanda taevariigini ja tasub oma lastele vastavalt nende tegudele.

Jumal annab Uue Jeruusalemma oma tõelistele lastele, kes on täielikult pühitsetud ja kes on olnud ustavad kogu Tema kojas. Ta ehitas Uue Jeruusalemma Jeruusalemma mälestuseks, evangeeliumi aluseks ja uueks astjaks, mis sisaldab kõike käsuseaduse armastusega täitmise kohta.

Johannese ilmutusest 21:2 võib lugeda, et Jumal valmistas Uue Jeruusalemma nii kaunilt, et see linn meenutas Johannesele peigmehe jaoks suurejooneliselt ehitud mõrsjat:

> *Ja ma nägin püha linna, Uut Jeruusalemma, Taevast Jumala juurest alla tulevat, valmistatud otsekui oma mehele ehitud mõrsja.*

Uus Jeruusalemm on nagu kaunilt ehitud mõrsja

Jumal valmistab uhked taevased eluasemed Isanda mõrsjatele, kes end südame ümberlõikamisega kaunilt ette valmistavad, et vastu võtta vaimset peigmeest, Isandat Jeesust. Kõige ilusam koht nende igaveste eluasemete seas on Uue Jeruusalemma linn.

Sellepärast esitatakse Johannese ilmutuses 21:9 Uut Jeruusalemma, mis on kõige ilusamalt kaunistatud Isanda mõrsjatele – „*mõrsjale, Talle naisele.*"

Kui vaimustav võib Uus Jeruusalemm olla, kuna see on parim and Isanda mõrsjatele, keda armastuse Jumal enese jaoks ette valmistas? Inimesed on väga liigutatud kui nad lähevad oma majadesse, mis ehitati ja mille eest kantakse hoolt Jumala armastuse ja peenetundelise igakülgse arvestusega. See on nii, kuna Jumal teeb iga maja täielikult omaniku maitse kohaselt.

Mõrsja teenib oma abikaasat ja valmistab talle puhkepaiga. Samamoodi teenivad ja embavad Uue Jeruusalemma majad Isanda mõrsjaid. See koht on nii mugav ja turvaline, et inimesed on täis õnne ja rõõmu.

Selles maailmas, hoolimata sellest kui hästi naine oma abikaasat ka ei teeniks, ei saa ta talle anda täielikku rahu ja rõõmu Kuid Uue Jeruusalemma majad annavad rahu ja rõõmu, mida inimesed ei saa selles maailmas kogeda, kuna need majad on tehtud täielikult omanike maitsele vastavalt. Majad on ehitatud ilusalt ja suurejooneliselt, omanike maitse kohaselt, kuna need on inimestele, kelle süda on Jumala südame sarnane. Kui imelised ja silmapaistvad need võivad olla, kuna Isand juhatab nende ehitust.

Kui taevasse tõesti uskuda, rõõmustab teid üksnes mõte nii paljudest inglitest, kes ehitavad taevaseid maju Jumala käsu kohaselt kullast ja vääriskividest, et tasuda igaühele vastavalt ta tegudele.

Kas te suudate ette kujutada, kui palju õnnelikum ja rõõmsam on elu Uues Jeruusalemmas, mis teenib ja embab teid otsekui naine?

Taevased majad on kaunistatud vastavalt inimese tegudele

Taevased maju hakati ehitama meie Isanda ülestõusmisest ja Taevasse mineku ajast ja neid ehitatakse ka nüüd vastavalt meie tegudele. Seega maa peal elu lõpetanute majade ehitus on lõpule viidud; mõne maja alusmüürid on laotud ja sambad kerkimas ja mõne maja kallal on töö peaaegu lõpetatud.

Kui kõik usklike taevased majad on valmis, ütleb Jeesus meile Johannes 14:2-3, et Ta naaseb maa peale, kuid seekord tuleb Ta õhus:

> *Minu Isa majas on palju eluasemeid. Kui see nõnda ei oleks, kas ma siis oleksin teile öelnud, et ma lähen teile aset valmistama.*

Päästetute tgavesed eluasemed otsustatakse Valge trooni kohtumõistmise ajal.

Kui omanik siseneb oma majja, pärast seda kui eluasemed ja tasud on määratud vastavalt igaühe tegudele nende usumõõtu mööda, muutub maja täiesti säravaks. See juhtub nii, kuna omanik ja maja moodustavad täiusliku paari kui omanik siseneb oma majja samamoodi nagu abielumees ja –naine saavad üheks lihaks.

Kuivõrd täis Jumala au saab Uus Jeruusalemm olla, kuna seal asub Jumala troon ja palju maju ehitatakse Jumala tõelistele lastele, kes võivad Temaga tõelist armastust igavesti jagada?

4. Hiilgav nagu eredad kalliskivid ja selge kui mägikristall

Apostel Johannes oli Pühast Vaimust juhitud ja tundis aukartust kui ta nägi Uue Jeruusalemma püha linna ja ta suutis tunnistada vaid järgmist:

> *Ja Ta kandis mu vaimus suurele ja kõrgele mäele ning näitas mulle linna, püha Jeruusalemma, mis on alla tulemas Taevast Jumala juurest ja millel on Jumala kirkus, ning ta valgus on kõige kallima kivi sarnane, otsekui jaspis, mis hiilgab nagu mägikristall*
> (Johannese ilmutus 21:10-11).

Andis Johannes Jumale au kui ta nägi Püha Vaimu juhtimisel mäetipult suurejoonelist Uut Jeruusalemma.

Uus Jeruusalemm, mis särab Jumala aus

Mida tähendab, kui öelda, et Jumala aus särava Uue Jeruusalemma hiilgus on „kõige kallima kivi sarnane, otsekui jaspis, mis hiilgab nagu mägikristall"? On palju eriliiki vääriskive ja neil on eri nimed, vastavalt nende koostisosadele ja värvustele. Kalliskiviks olemise tingimuseks on vaja, et igast kivist lähtuks väga ilus värv. Seega, tähendab väljendus „kõige kallima kivi sarnane", et tegu on ilu täiusega. Apostel Johannes võrdles Uue Jeruusalemma ilusat valgust inimeste arvates väga hinnaliste ja ilusate vääriskividega.

Peale selle on Uues Jeruusalemmas tohutusuured

suurejoonelised majad ja need on kaunistatud taevaste vääriskividega, millest paistab vaimustavat valgust ja linna isegi kaugelt nähes võib öelda, et need valgused on sädelevad ja ilusad. Uus Jeruusalemm näib olevat ümbritsetud sinakatest ja valgetest valgustest, mis kiirgavad paljudes värvides. Kui suurt muljet see vaatepilt avaldab ja kuivõrd meeldiv see võib olla?

Johannese ilmutuses 21:18 öeldakse, et Uue Jeruusalemma müür on jaspisest. Erinevalt maapealsest tuunjast jaspisest, on taevane jaspis sinaka värvusega ja see on nii ilus ja selge, et seda vaadates on tunne, otsekui vaataksite te läbipaistvat vett. Selle värvuse ilu on selle maailma mõistes peaaegu võimatu väljendada. Võib-olla võiks seda võrrelda säravsinise valgusega, mis peegeldub läbipaistvatest lainetest. Pealegi saab selle värvust väljendada vaid läbipaistva, sinaka ja valgega. Jaspis esindab Jumala elegantsi ja selgust ja Jumala „õigsust", mis on plekitu, selge ja aus.

On palju eriliike kristalle ja taevases mõttes tähistab kristall värvitut läbipaistvat kõva kivi, mis on sama puhas ja selge nagu puhas vesi. Puhtaid ja selgeid kristalle on juba vanast ajast laialdaselt kaunistamiseks kasutatud, sest need ei ole vaid selged ja läbipaistvad, vaid peegeldavad kaunilt ka valgust.

Kuigi kristall ei ole väga kallis, peegeldab see imeilusalt valgust ja paneb selle vikerkaarevärvides paistma. Pealegi pani Jumal auhiilguse taevastesse kristallidesse oma väega, seetõttu ei ole seda võimalik millegi maa peal leiduvaga võrrelda. Apostel Johannes püüdis väljendada tolle kristalli näite varal Uue Jeruusalemma ilu, selgust ja hiilgust.

Uue Jeruusalemma püha linn on täis imelist Jumala au. Kui suurejooneline, ilus ja särav võib Uus Jeruusalemm olla, kuna seal asub Jumala troon ja mäetipp, millel Jumal moodustus Kolmainsuseks?

2. peatükk

Kaheteistkümne suguharu ja kaheteistkümne apostli nimed

1. Kaksteist inglit valvavad väravaid
2. Kaheteistkümnele väravale graveeritud kaheteistkümne Iisraeli suguharu nimed
3. Kaheteistkümnele aluskivile graveeritud kaheteistkümne jüngri nimed

Sellel on suur ja kõrge müür ning kaksteist väravat ja väravate peal kaksteist inglit; ning väravate peale on kirjutatud nimed, mis on Iisraeli laste kaheteistkümne suguharu nimed. Päevatõusu pool on kolm väravat, põhja pool kolm väravat, lõuna pool kolm väravat, õhtu pool kolm väravat. Ja linna müüril on kaksteist aluskivi ning nende peal Talle kaheteistkümne apostli nimed.

- Johannese ilmutus 21:12-14 -

Uus Jeruusalemm on ümbritsetud müüridega, millest paistab ere sädelev valgus. Igaüks on pööraselt hämmastunud nende müüride suurusest, toredusest, ilust ja aust.

Linn on kuubikujuline ja selle igas kolmes küljes on väravad: idas, läänes, põhjas ja lõunas. Seal on kokku kaksteist väravat ja see on kirjeldamatult massiivne. Väärikas ja suursugune ingel valvab iga väravat ja nendele väravatele on graveeritud kaheteistkümne suguharu nimed.

Samuti ümbritsevad Uue Jeruusalemma müüre kaksteist aluskivi, millel seisavad kaksteist sammast ja millele on kirja pandud kaheteistkümne apostli nimed. Kõik Uues Jeruusalemmas on tehtud numbri 12 – valguse arvu – alusel. See on selleks, et igaüks võiks lihtsalt aru saada, et Uus Jeruusalemm on koht neile valguse lastele, kelle süda sarnaneb valguse enese – Jumala südamele.

Vaatame nüüd põhjuseid, miks kaksteist inglit valvavad kahtteist Uue Jeruusalemma väravat ja kaheteistkümne suguharu ja kaheteistkümne jüngri nimed on kogu linnas jäädvustatud.

1. Kaksteist inglit valvavad väravaid

Vanal ajal pidasid paljud sõdurid või valvurid kuningate või muude kõrgete ametnike viibimis- ja elukohtade lossiväravates vahti. See on vajalik abinõu ja aitas ehitisi vaenlaste ja sissetungijate eest kaitsta. Kuid Uue Jeruusalemma väravaid valvavad kaksteist inglit, isegi kui keegi ei saa soovi korral sinna siseneda ega sisse tungida, sest selles linnas asub Jumala troon. Mis on siis selle põhjuseks?

Rikkuse, meelevalla ja au väljenduseks

Uue Jeruusalemma linn on hiigelsuur ja grandioosne ning seda on raske ette kujutada. Hiina suur keelatud linn, kus keisrid vanasti elasid, on sama suur kui üks Uue Jeruusalemma individuaalelamu. Isegi ühe iidse maailma seitsme maailmaime hulka kuuluva suure Hiina müüri suurust ei saa Uue Jeruusalemma linna suurusega võrrelda.

Esimene põhjus, miks kaksteist inglit väravaid valvavad, on rikkuse ja austuse, meelevalla ja au sümboliseerimiseks. Isegi tänapäeval on võimsatel või rikastel inimestel oma majades ja nende ümbruses eravalve ja see näitab elanike rikkust ja meelevalda.

Seega on ilmselge, et kõrgematel positsioonidel olevad inglid valvavad Jumala trooni asukohaks oleva Uue Jeruusalemma linna väravaid. Jumala ja Uue Jeruusalemma elanike meelevalda võib tunda esimese pilguga kui vaadata kahtteist inglit, kelle ligiolu lisandub Uue Jeruusalemma ilule ja aule.

Jumala tunnustatud laste kaitseks

Mis on siis kaheteistkümne ingli Uue Jeruusalemma väravate valvamise teine põhjus? Heebrealastele 1:14 küsitakse: *„Eks nad kõik ole vaid teenijad vaimud, läkitatud abistama neid, kes ükskord pärivad pääste?"* Jumal kaitseb oma lõõmavate silmade ja abiks saadetud inglitega lapsi, kes selle maa peal elavad. Seega, saatan ei laima neid, kes elavad Jumala Sõna alusel, vaid nad on kaitstud katsumuste, probleemide, loomulike ja inimfaktorist tingitud katastroofide, haiguste ja õnnetuste eest.

Samuti on Taevas arvukad inglid, kes täidavad Jumala

korralduse alusel oma ülesandeid. Nende seas on inglid, kes vaatavad, salvestavad ja teatavad Jumalale igaühe tegudest, olgu siis tegu usklikuga või mitte. Kohtupäeval mäletab Jumal isegi iga sõna, mida igaüks on rääkinud ja tasub igaühele tema tegude kohaselt.

Samuti on kõik inglid vaimud, kelle üle Jumal valitseb ja on ilmselge, et nad kaitsevad ja valvavad Jumala lapsi ka Taevas. Muidugi ei ole Taevas õnnetusi ega ohtu, kuna seal ei ole vaenlasele kuradile kuuluvat pimedust, kuid neil on loomulik kohus oma isandaid teenida. Seda kohust ei sunnita kellelegi peale, vaid toda teostatakse vabatahtlikult vastavalt vaimusfääri korrale ja harmooniale; see on inglitele omistatud loomulik ülesanne.

Uues Jeruusalemmas rahuliku korra säilitamiseks

Mis on siis kolmas põhjus, miks kaksteist inglit valvavad Uue Jeruusalemma väravaid?

Taevas on täiuslik vaimuriik, kus ei ole ühtegi puudust ja see toimib täiusliku korra kohaselt. Seal ei ole vihkamist, tülisid ega käske, vaid see toimib ja säilub üksnes Jumala korralduste alusel. Jumal, kes tasub igaühele tehtu kohaselt, rajab tasud ja meelevalla oma õiglusega ja kõik toimib selle korra alusel.

Koda, mis on isekeskis jagatud, langeb kokku. Samamoodi ei püsi ka saatana maailm iseenese vastu, vaid toimib teatud korra kohaselt (Markuse 3:22-26). Kuivõrd palju õiglasemalt on siis jumalariik rajatud ja toimib korrapäraselt?

Näiteks Uues Jeruusalemmas peetavaid pidusöömaaegu peetakse korrakohaselt. kolmandas, teises ja esimeses taevariigis ja paradiisis olevad päästetud hinged sisenevad Uude Jeruusalemma vaid kutse alusel, ka see toimub vaimse korra kohaselt. Seal on nad

Jumalale meeltmööda ja jagavad Uue Jeruusalemma elanike rõõmu.

Mis juhtuks kui paradiisi, esimese, teise ja kolmanda taevariigi päästetud hinged võiksid vabalt Uude Jeruusalemma minna? Nii nagu isegi parimate ja kõige hinnalisemate esemete väärtus kahaneb aja ja kasutusega kui nende eest ei kanta õigesti hoolt, kui Uue Jeruusalemma korda rikkuda, ei säiluks selle ilu õigesti.

Seega on Uue Jeruusalemma rahuliku korra jaoks vaja kahtteist väravat iga väravat valvavat inglit. Muidugi ei saa kolmanda ja sellest alama taevariigi usklikud juba au erinevuse tõttu Uude Jeruusalemma takistamatult minna, isegi kui värava ees ei oleks seda valvavat inglit. Inglid kindlustavad õige korra hoidmise.

2. Kaheteistkümnele väravale graveeritud kaheteistkümne Iisraeli suguharu nimed

Missugusel põhjusel siis on Uue Jeruusalemma väravatele kirjutatud kaheteistkümne Iisraeli suguharu nimed? Selles maailmas panevad inimesed sageli nurgakivi kirjutistega või ehitavad ehitusobjekti lähedale monumendi, et tähistada ehituse lõppu ja/või avalikustada ehitusprojekti olulist teavet. Samamoodi sümboliseerivad kaheteistkümne Iisraeli suguharu nimed tõsiasja, et kaksteist Uue Jeruusalemma väravat said alguse Iisraeli kaheteistkümnest suguharust.

Kaheteistkümne värava tegemise taust

Aadam ja Eeva, kes aeti umbes 6000 aasta eest sõnakuulmatuse patu tõttu Eedeni aiast välja, said maa peal elades palju lapsi. Kui maailm oli täis pattu, siis karistati kõiki, välja arvatud selle aja inimeste hulgas elanud õiglane mees Noa ja tema perekond ja nad hukkusid vee läbi.

Siis sündis umbes 4000 aasta eest Aabraham ja õige aja saabudes rajas Jumal teda usuisana ja õnnistas teda rohkesti. Jumal tõotas Aabrahamile 1. Moosese raamatus 22:17-18.

Ma õnnistan sind tõesti ja teen su soo väga paljuks – nagu tähti taevas ja nagu liiva mere ääres – ja su sugu vallutab oma vaenlaste väravad! Ja sinu soo nimel õnnistavad endid kõik maailma rahvad, sellepärast et sa võtsid kuulda mu häält!

Ustav Jumal pani Aabrahami lapselapse Jaakobi Iisraeli rajajaks ja tegi tema kaheteistkümnest pojast aluse, millele moodustus rahvus. Siis saatis Jumal umbes 2000 aasta eest Juuda soo järeltulijana Jeesuse ja avas kogu inimkonnale pääsemise tee.

Niimoodi moodustas Jumal kaheteist suguharuga Iisraeli rahva, et täita õnnistus, mille Ta oli Aabrahamile andnud. Pealegi tegi Jumal selle tõsiasja sümboliseerimiseks ja tähistamiseks Uude Jeruusalemma kaksteist väravat ja graveeris nendele kaheteistkümne Iisraeli suguharu nimed.

Vaadakem nüüd lähemalt Jaakobit, Iisraeli ja kaheteistkümne suguharu esiisa.

Iisraeli esiisa Jaakob ja ta kaksteist poega

Jaakob, Aabrahami ja tema poja Iisaki lapselaps, võttis kavalusega oma vanema venna Eesavi sünniõiguse ja pidi oma venna eest oma onu Laabani juurde põgenema. Jumal täiustas Laabani kojas kahekümne kahe aasta pikkuse viibimise vältel Jaakobit, kuni temast sai Iisraeli esiisa.

1. Moosese raamatus 29:21 ja edas selgitatakse üksikasjalikult Jaakobi abielusid ja tema kaheteistkümne poja sündi. Jaakob armastas Raahelit ja lubas Laabanit seitse aastat teenida, et ta võiks temaga abielluda, kuid onu pettis teda ja ta abiellus Raaheli õe Leaga. Ta pidi Laabanile lubama, et ta teenib teda veel seitse aastat, et Raaheliga abielluda. Lõpuks Jaakob abiellus Raaheliga ja armastas teda rohkem kui Lead.

Jumal halastas Lea peale, keda ta abikaasa ei armastanud ja avas tema üsa. Lea sünnitas Ruubeni, Siimeoni, Leevi ja Juuda. Jaakob armastas Raahelit, kuid ei suutnud teatud aja jooksul poegi sünnitada. Ta hakkas oma õde Lead kadestama ja andis oma orjatari Billa oma abikaasale naiseks. Billa sünnitas Daani ja Naftali. Kui Lea ei suutnud enam lapsi eostada, andis ta oma teenija Silpa Jaakobile naiseks ja Silpa sünnitas Gaadi ja Aaseri.

Hiljem leppisid Lea ja Raahel kokku, et Lea võis oma esimese poja Ruubeni lemmemarjade eest tasuks Jaakobiga magada. Ta sünnitas Issaskari ja Sebuloni ja tütre Diina. Siis mõtles Jumal Raaheli peale, kes oli viljatu ja seekord sünnitas tema Joosepi. Pärast Joosepi sündi sai Jaakob Jumalalt korralduse ületada Jabboki jõgi ja oma kahe naise, kahe ümmardaja ja üheteistkümne pojaga kodulinna naasta.

Jaakob läbis onu Laabani elukohas kahekümne aasta jooksul katsumusi. Pärast seda ta alandus ja palvetas, kuni ta puusaliiges väänati paigast Jabboki jõel, teel tema kodulinna. Siis anti talle uus nimi „Iisrael" (1. Moosese raamat 32:28). Iisrael leppis ka oma venna Eesaviga ära ja elas Kaananimaal. Teda õnnistati Iisraeli esiisaks saamisega ja ta sai viimase poja Benjamini Raahelilt.

Jumala valitud rahva Iisraeli kaksteist suguharu

Joosep, keda isa Iisraeli kaheteistkümnest pojast kõige enam armastas, müüdi Iisraeli kaheteistkümne kadedusse mattunud poja poolt seitsmeteistkümne aastaselt Egiptusesse. Kuid Jumala ettehoolduse raames sai Joosepist kolmekümne aastaselt Egiptuse peaminister. Jumal teadis, et Kaananimaad tabab tõsine näljahäda ja saatis Joosepi Egiptusesse ette ning lasi siis kogu tema perel sinna kolida, et nad paljuneksid ja saaksid arvuliselt nii suureks, et neist moodustuks rahvus.

1. Moosese raamatus 49:3-28 õnnistab Iisrael oma kahtteist poega enne oma viimast hingetõmmet ja nemad on Iisraeli kaksteist suguharu:

„Ruuben, sina oled mu esmasündinu,
mu rammu ja sigitusjõu esikpoeg (3. salm)...
Vennaksed Siimeon ja Leevi,
nende noad on vägivalla riistad (5. salm)...
Juuda, sind ülistavad su vennad (8. salm)...
Sebulon elab mererannikul (13. salm)...
Issaskar on kondine eesel,
kes lebab sadulakorvide vahel (14. salm)...
Daan mõistab kohut oma rahvale,
üks Iisraeli suguharu on temagi (16. salm)...
Gaad, röövjõugud ründavad teda,
aga ta ise ründab neid, olles neil kannul (19. salm)...
Aaserilt tuleb rammus roog (20. salm)...

Naftali on nobe emahirv,
kes toob kuuldavale ilusaid sõnu (21. salm)...
Joosep on viljapuu poeg,
viljapuu poeg allikal (22. salm)...
Benjamin on kiskjalik hunt (27. salm)..."

Kõik need on kaksteist Iisraeli suguharu ja see on, mida nende isa ütles neile, kui ta neid õnnistas ja andis igale neist sobiva õnnistuse. Õnnistused olid erinevad, sest iga poeg (suguharu) erines oma iseloomulike tunnuste, isiksuse, tegude ja loomuse poolest.

Moosese kaudu andis Jumal Egiptusest tulnud kaheteistkümnele Iisraeli suguharule käsuseaduse ja hakkas neid piima ja mett voolavale Kaananimaale juhtima. 5. Moosese raamatus 33:5-25 räägitakse, kuidas Mooses enne surma Iisraeli rahvast õnnistas.

"Ruuben jäägu elama ja ärgu surgu,
Kuigi vähene on tema meeste arv (6. salm) ...
Kuule, Isand, Juuda häält
ja too ta oma rahva juurde! (7. salm) ...
Ja Leevi kohta ta ütles:
"Sinu tummim ja uurim
kuulugu su ustavale mehele" (8. salm) ...
Ja Benjamini kohta ta ütles:
"Isanda lemmik,
kes elab julgesti ta juures" (9. salm) ...
Ja Joosepi kohta ta ütles:
"Isand õnnistagu tema maad
kastega – parimaga Taevast,

ja veega sügavusest, mis asub all" (13. salm) ...
Need on Efraimi kümned tuhanded,
Need on Manasse tuhanded. (17. salm) ...
Ja Sebuloni kohta ta ütles:
„Ole rõõmus, Sebulon, oma retkedel,
ja Issaskar, oma telkides" (18. salm) ...
Ja Gaadi kohta ta ütles:
„Kiidetud olgu, kes annab
Gaadile avarust!" (20. salm) ...
Ja Daani kohta ta ütles:
„Daan on lõvikutsikas,
kes Baasanist üles kargab" (22. salm) ...
Ja Naftali kohta ta ütles:
„Naftali on rikas lembusest,
ta on täidetud Isanda õnnistusega" (23. salm) ...
Poegade hulgast olgu
õnnistatud Aaser!
Tema olgu oma vendade lemmik (24. salm) ..."

Leevi, Iisraeli kaheteistkümnest pojast, oli kaheteistkümnest suguharust eraldatud, et saada preestriks ja Jumalale kuuluda. Selle asemel moodustasid Joosepi kaks poega Manasse ja Efraim kaks suguharu, mis asendasid leviite.

Kaheteistkümne suguharu nimed

Kuidas siis saame meie, kes me pole kaheteistkümne Iisraeli suguharu liikmed ega Aabrahami otsesed järglased, pääseda ja läbida kaksteist väravat, millele on kirjutatud kaheteistkümne suguharu nimed?

Sellele küsimusele saab vastuse Johannese ilmutusest 7:5-8:

Juuda suguharust kaksteist tuhat, Ruubeni suguharust kaksteist tuhat, Gaadi suguharust kaksteist tuhat, Aaseri suguharust kaksteist tuhat, Naftali suguharust kaksteist tuhat, Manasse suguharust kaksteist tuhat, Siimeoni suguharust kaksteist tuhat, Leevi suguharust kaksteist tuhat, Issaskari suguharust kaksteist tuhat, Sebuloni suguharust kaksteist tuhat, Joosepi suguharust kaksteist tuhat, Benjamini suguharust kaksteist tuhat pitseriga märgitut.

Neis salmides tuleb Juuda suguharu esimesena ja selle järgi Ruubeni suguharu nimi, erinevalt 1. Moosese raamatust ja 5. Moosese raamatusse kirjutatust. Ja Daani nimi on kustutatud ja Manasse suguharu nimi on lisatud.

1. Kuningate raamatus 12:28-31 on kirja pandud Daani suguharu tõsine patt.

Ja kuningas pidas nõu, valmistas siis kaks kuldvasikat ning ütles rahvale: „Saagu teile küllalt Jeruusalemma minekust! Vaata, Iisrael, siin on sinu jumalad, kes tõid sind ära Egiptusemaalt." Ja ta pani ühe Peetelisse ja teise Daani. Sellest aga tuli patt, et rahvas läks neist ühe juurde kuni Daanini. Ja Jerobeam ehitas ohvriküngastele kodasid ning seadis preestreid igasugu rahvast, kes ei olnud leviidid.

Jerobeam, kellest sai esimene Lõuna-Iisraeli kuningriigi kuningas, mõtles endamisi, et kui inimesed läksid Isanda templisse Jeruusalemma ohvriande viima, oleksid nad ka riigitruud oma isandale, Juuda kuningale Rehabeamile. Kuningas valmistas kaks kuldvasikat ja seadis ühe Peetelisse ja teise Daani. Ta keelas inimestel Jeruusalemma Jumalale ohverdama minna ja peibutas neid Peetelis ja Daanis teenima.

Daani suguharu tegi ebajumalakummardamise pattu ja tegi tavainimesed Jumala preestriteks, kuigi preestriteks ei võinud saada keegi muu peale Leevi suguharu. Ja nad seadsid sisse pühad kaheksanda kuu viieteistkümnendal päeval, mis olid nagu Juudas peetavad pühad. Jumal ei saanud neile neid patte andeks anda ja hülgas nad.

Seega jäeti Daani suguharu nimi välja ja seda asendas Manasse suguharu oma. Mannasse suguharu nime lisamisest kuulutati prohvetlikult ette juba 1. Moosese raamatus 48:5. Jaakob ütles oma pojale Joosepile:

Ja nüüd olgu su kaks poega, kes sulle Egiptusemaal on sündinud, enne kui ma tulin sinu juurde Egiptusesse, minu omad; Efraim ja Manasse olgu minu omad nagu Ruuben ja Siimeongi.

Iisraeli laste isa Jaakob kinnitas juba pitseriga Manasset ja Efraimi omadena. Seega on Uue Testamendi Johannese ilmutuses kirjas, et Manasse suguharu nimi on Daani suguharu nime asemel kirja pandud.

Tõsiasi, et Manasse suguharu nimi on niimoodi kaheteistkümne Iisraeli suguharu nime hulka kirja pandud, kuigi

Manasse ei olnud üks Iisraeli kaheteistkümnest juhist, näitab et paganad võtavad iisraellaste koha ja saavad päästetud.

Jumal rajas rahvusele aluse Iisraeli kaheteistkümne suguharu kaudu. Umbes kahetuhande aasta eest avas Ta värava, pestes ära meie patud Jeesuse Kristuse ristil valatud vere läbi ja lasi kõigil usu läbi pääsemine vastu võtta.

Jumal valis Iisraeli rahva, kes pärines kaheteistkümnest suguharust ja kutsus neid „oma rahvaks," aga kuna nad lõpuks ei suutnud Jumala tahet teha, läks evangeelium üle paganatele.

Paganad, metsik oliivipuuvõsu, mis puusse poogiti, on asendanud Jumala valitud rahva Iisraeli, mis on oliivipuu, tollepärast ütles apostel Paulus Roomlastele 2:28-29, et: *„Ei ole ju juut see, kes seda on väliselt, ega ole ümberlõikamine see, mis on väliselt ihu küljes, vaid juut on see, kes seda on sisemiselt, ja õige ümberlõikamine on südame ümberlõikamine, mis toimub vaimu, mitte kirjatähe varal. Niisugune saab kiituse mitte inimestelt, vaid Jumalalt."*

Lühidalt, paganad hakkasid Iisraeli rahvast asendama Jumala ettehoolde saamisel, nii nagu Daani suguharu kustutati ja Manasse suguharu lisati. Seega, isegi paganad saavad kaheteistkümne värava kaudu Uude Jeruusalemma minna, niikaua kui neil on õiged usueeldused.

Seega ei saa usu läbi päästetud mitte ainult need, kes kuuluvad Iisraeli kaheteistkümne suguharu hulka, vaid ka need, kellest saavad Aabrahami järeltulijad. Kui paganad tulevad usule, ei pea Jumal neid enam „paganateks", vaid hoopis kaheteistkümne suguharu liikmeteks. Kõik rahvad pääsevad kaheteistkümne värava kaudu ja see on Jumala õiglus.

Pealegi tähistavad Iisraeli „kaksteist suguharu" vaimselt

Jumala kõiki usu kaudu päästetud lapsi ja Jumal on kirjutanud selle fakti sümboliseerimiseks kaheteistkümne suguharu nimed Uue Jeruusalemma kaheteistkümnele väravale.

Aga kuna eri maadel ja aladel on erinevad iseloomulikud jooned, erineb ka iga kaheteistkümne suguharu hulka kuuluva suguharu taevane au.

3. Kaheteistkümnele aluskivile graveeritud kaheteistkümne jüngri nimed

Missugusel põhjusel on siis kaheteistkümne jüngri nimed kirjutatud Uue Jeruusalemma kaheteistkümne aluskivi peale?

Hoone ehitamiseks on vaja alust, millele asetatakse sambad. Ehituse suurust on lihtne hinnata, kui süvendi sügavust hinnata. Aluskivid on väga tähtsad, sest neile peab toetuma kogu ehitise raskus.

Samamoodi asetati kaksteist aluskivi Uue Jeruusalemma müüride ja kaheteistkümne samba ülesladumiseks, mille vahele tehti kaksteist väravat. Siis tehti kaksteist väravat. Kaheteistkümne aluskivi ja kaheteistkümne samba suurus on nii hiigelsuur, et seda ei ole võimalik mõista ja me vaatleme seda sügavamalt järgmises peatükis.

Kaksteist aluskivi, mis on tähtsamad kui kaksteist väravat

Igal varjul on olemus, mida vari peegeldab. Samamoodi on Vana Testament Uue Testamendi vari, sest Vana Testament tunnistas Jeesusest, kes pidi sellesse maailma Päästjana tulema ja Uues Testamendis on kirjas siia maailma tulnud, kõik prohvetikuulutused täitnud ja pääsemise tee teinud Jeesuse teenistus (Heebrealastele 10:1).

Jumal, kes rajas kaheteistkümne Iisraeli suguharu kaudu rahvuse alused ja kuulutas Moosese kaudu käsuseadust, õpetas kahtteist jüngrit Jeesuse kaudu, kes täitis käsuseaduse armastusega ja tegi neist Isanda tunnistajad maailma otsani. Sedamoodi on kaksteist jüngrit kangelased, kes tegid võimalikuks Vana Testamendi käsuseaduse täitmise ja Uue Jeruusalemma linna ehitamise, tegutsedes mitte varju, vaid täiskuju näol.

Seega on Uue Jeruusalemma kaksteist aluskivi palju tähtsamad kui kaksteist väravat ja kaheteistkümne jüngri osatähtsus on kaheteistkümne suguharu omast tähtsam.

Jeesus ja Ta kaksteist jüngrit

Jumala Poeg Jeesus, kes tuli maailma lihas, alustas oma teenistust kolmekümne aastaselt, kutsus oma jüngrid kokku ja õpetas neid. Kui aeg saabus, andis Jeesus oma jüngritele väe kurje vaime välja ajada ja haigeid tervendada. Matteuse 10:2-4 mainitakse kahtteist jüngrit:

> *Nende kaheteistkümne apostli nimed on aga need: esimene Siimon, nimetatud Peetruseks, ja Andreas, tema vend, ja Jakoobus, Sebedeuse poeg, ja Johannes, tema vend, Filippus ja Bartolomeus, Toomas ja tölner Matteus, Jaakobus, Alfeuse poeg, ja Taddeus, Siimon Kananaios ja Juudas Iskariot, kes tema ka ära andis.*

Jeesuse palve kohaselt kuulutasid nad evangeeliumi ja tegid

Jumala vägevaid tegusid. Nad tunnistasid elavast Jumalast ja juhatasid palju hingesid pääsemise teele. Kõik nad, välja arvatud Juudas Iskariot, keda saatan ässitas ja kes lõpetas Jeesuse mahamiümisega, tunnistasid Isanda ülestõusmist ja taevasseminekut ja said tuliste palvete läbi osa Pühast Vaimust.

Siis said nad Isands volituse kohaselt Püha Vaimu ja väe ja neist said Isanda tunnistajad Jeruusalemmas, kogu Juudamaal ja Samaarias ja maailma otsani välja.

Matteus asendas Juudas Iskarioti

Apostlite tegudes 1:15-26 kirjeldatakse, kuidas kaheteist jüngrit asendasid Juudas Iskarioti. Nad palvetasid Jumala poole ja heitsid liisku. Seda tehti, kuna jüngrid tahtsid, et see toimuks Jumala tahte kohaselt, ilma inimlike mõtete vahelesegamiseta. Lõpuks valisid nad Jeesuse õpetatud inimeste seast ühe – Matteuse nimelise mehe.

Siin seisneb põhjuks, miks Jeesus valis Juudas Iskarioti, teades, et viimane Ta lõpuks reedab. Matteuse värske valik tähendab, et isegi paganad võisid pääseda. See tähendab ka, et Jumala valitud sulased kuuluvad tänapäeval Matteuse kohale. Isanda ülestõusmisest ja taevasseminekust saadik on olnud palju jumalasulaseid, kelle Jumal Ise on valinud ja igaüht, kes saab Isandaga üheks, võidakse valida üheks Isanda jüngritest, nii nagu Matteusest sai Ta jünger.

Jumala Enese valitud sulased kuuletuvad oma isanda tahtele vaid „jah" sõnaga. Kui jumalasulased ei täida Ta tahet, ei saa ja ei tohiks neid „jumalasulasteks" ega „Jumala valitud sulasteks" kutsuda.

Kaksteist jüngrit, kaasa arvatud Matteus, sarnanesid Isandale, saavutasid pühaduse, kuuletusid Isanda õpetusele ja tegid täielikult Jumala tahet. Neist said maailmamisjoni aluskivid ja nad täitsid oma kohust, kuni neist said märtrid.

Kaheteistkümne jüngri nimed

Need, kes on usu läbi päästetud, kuigi nad ei olnud pühitsetud ega ustavad kogu Jumala koja üle, võivad kutsega Uut Jeruusalemma külastada, kuid nad ei saa sinna igaveseks jääda. Seega on kaheteistkümne jüngri nimed kirjutatud kaheteistkümnele aluskivile, et meile meenutada, et Uude Jeruusalemma võivad minna vaid need, kes on selles elus pühitsetud ja ustavad kogu Jumala koja üle.

Iisraeli kaksteist suguharu tähistavad kõiki usu läbi päästetud Jumala lapsi. Pühitsetud ja kogu eluga ustavad vastavad Uude Jeruusalemma mineku tingimustele. Tollepärast on kaksteist aluskivi tähtsamad ja sel põhjusel ei ole kaheteistkümne jüngri nimed kirjutatud kaheteistkümnele väravale, vaid kaheteistkümne aluskivi peale.

Miks siis Jeesus valis vaid kaksteist jüngrit? Jumal täidab oma täieliku tarkusega oma ettehoolde, mille Ta enne aja algust plaanis ja saadab kõik sellele vastavalt korda. Seega me teame, et Jeesus valis ainult kaksteist jüngrit samuti Jumala plaani alusel.

Jumal, kes moodustas Vanas Testamendis kaksteist suguharu, valis kaksteist jüngrit ja kasutas selleks arvu 12, mis tähistas „valgust" ja „täiuslikkust" ka Uues Testamendis ja Vana Testamendi vari ja Uue Testamendi olemus said üheks.

Jumal ei muuda oma meelt ega kavandatud plaani ja peab oma

Sõnast kinni. Seega me peame uskuma kogu Jumala Sõna Piiblis, valmistuma Tema vastu võtmiseks Isanda mõrsjana ja saavutama ja saama vajalikud omadused, et minna kaheteistkümne jüngri sarnaselt Uude Jeruusalemma.

Jeesus ütles Johannese ilmutuses 22:12: *„Vaata, ma tulen varsti ning toon igaühele palga, ma tasun igaühele tema tegude järgi."*
Missugust kristlikku elu te peaksite elama, kui te tõesti usute, et Isand tuleb varsti tagasi? Te ei peaks olema vaid rahul sellega, et te saite usu läbi Jeesusesse Kristusesse päästetud, vaid te peaksite püüdma ka oma pattudest vabaneda ja iga ülesande täitmisel ustav olla.

Ma palun Isanda Jeesuse Kristuse nimel, et teil oleks kaheteistkümnele väravale ja kaheteistkümnele aluskivile graveeritud nimedega usuisade sarnane igavene au ja õnnistused Uues Jeruusalemmas!

3. peatükk

Uue Jeruusalemma suurus

1. Kuldpillirooga mõõdetud
2. Nelinurkne Uus Jeruusalemm

Ja sellel, kes minuga rääkis, oli käes kuldpilliroog, et mõõta linna ja selle väravaid ja selle müüri. Linn on nelinurkne ning ta pikkus on võrdne laiusega. Ta mõõtis linna pillirooga – kaksteist tuhat vagu. Ta pikkus ja laius ja kõrgus on võrdsed. Ja ta mõõtis tema müüri – sada nelikümmend neli küünart inimese, see tähendab ingli mõõdu järgi.

- Johannese ilmutus 21:15-17 -

Mõned usklikud arvavad, et igaüks, kes on päästetud, läheb Uude Jeruusalemma, kus asub Jumala troon või saavad valesti aru, et Uus Jeruusalemm on Taevas kogu selle terviklikkuses. Kuid Uus Jeruusalemm ei ole kogu Taevas, vaid üksnes osa lõputust Taevast. Ainult Jumala tõelised lapsed, kes on pühad ja pühitsetud, võivad sinna minna. Te võite tunda huvi, kui hiigelsuur võib olla Uus Jeruusalemm, mille Jumal oma tõelistele lastele valmistas?

Süvenegem Uue Jeruusalemma suurusesse ja kujusse ja nende varjatud vaimsetesse tähendustesse.

1. Kuldpillirooga mõõdetud

Neil, kellel on tõeline usk ja innukas lootus Uude Jeruusalemma minekuks, on loomulik mõtelda selle linna kujust ja suurusest. Kuna see on koht Jumala lastele, kes on pühitsetud ja sarnanevad Isandale täielikult, on Jumal Uue Jeruusalemma nii ilusalt ja suurejooneliselt valmistanud.

Johannese ilmutusest 21:15 võib lugeda, kuidas ingel seisab kuldpillirooga, et mõõta Uue Jeruusalemma väravate ja müüride suurust. Missugusel põhjusel siis Jumal tegi Uue Jeruusalemma kuldpillirooga mõõdetavaks?

Kuldpilliroo on sirge serv ja sellega mõõdetakse taevaseid vahemikke. Kui teada kulla ja pilliroo tähendust, võib aru saada, miks Jumal mõõdab Uue Jeruusalemma mõõtmeid kuldpillirooga.

Kuld tähistab „usku", sest see on aja jooksul muutumatu. Kuldpilliroo kuld sümboliseerib fakti, et Jumala mõõt on täpne ja ei muutu iialgi ja Ta peab kõiki oma lubadusi.

Usku mõõtva pilliroo iseloomulikud jooned

Pilliroog on kõrge ja pehme äärega. See õõtsub tuules kergesti, kuid ei murdu kunagi; sellel on samaaegselt nii pehmus kui tugevus. Pillirool on pahad ja see tähendab, et Jumal tasub igaühele tehtu kohaselt.

Seega mõõdab Jumal Uue Jeruusalemma linna kuldpillirooga, et igaühe usku täpselt mõõta ja tasuda igaühele tehtu kohaselt.

Võtkem nüüd arvesse pilliroo iseloomulikud jooned ja vaimne tähendus, et mõista, miks Jumal mõõdab Uut Jeruusalemma kuldpillirooga.

Esiteks on pillirool väga sügavale ulatuvad ja tugevad juured. Nad on 1-3 meetrised, umbes 3-10 jala kõrgused ja kasvavad hulgi soode liivases pinnases või järvedes. Võib näida, et neil on nõrgad juured, kuid neid ei saa lihtsalt maast üles tõmmata.

Samamoodi peaksid ka Jumala lapsed olema kindlalt usu läbi juurdunud ja seisma tõekaljul. Vaid siis, kui teil on muutumatu usk, mis ei kõigu mingis olukorras, saate te minna Uude Jeruusalemma, mille mõõtmeid mõõdetakse kuldpillirooga. Sel põhjusel palvetas apostel Paulus Efesose usklike eest, „*et Kristus usu kaudu elaks teie südameis ning te oleksite juurdunud ja kinnitatud armastuses*" (Efeslastele 3:17).

Teiseks on pilliroogudel väga pehmed ääred. Kuna Jeesusel oli pehme tasane süda, mis meenutas pilliroogu, ei tülitsenud ega kisendanud Ta kunagi. Isegi kui teised kritiseerisid või kiusasid Teda taga, ei vaieldnud Jeesus, vaid läks selle asemel oma teed.

Seega, neil, kes loodavad minna Uude Jeruusalemma, peaks olema tasane süda nagu oli Jeesusel. Kui te tunnete end ebamugavalt kui teised teie vigadele osutavad või teid manitsevad, tähendab see, et teil on ikka veel kõva uhke süda. Kui teil on pehme tasane süda nagu ebe, võite te need asjad rõõmuga vastu võtta, tundmata kahetsust ega rahulolematust.

Kolmandaks, pilliroog õõtsuvad kergelt tuules, kuid ei murdu kergelt. Pärast tugevat taifuuni on suured puud vahel juurtega maast välja tõmmatud, kuid pilliroog ei murdu tavaliselt ka tugeva tuulega, kuna see on pehme. Selle maailma inimesed võrdlevad vahel naiste meelt ja südant pillirooga, et seda halvasti väljendada, kuid Jumala võrdlus on vastupidine. Pilliroog on pehme ja võib paista väga nõrk, kuid ometi on selles tugevus, mis hoiab seda ka tugeva tuulega murdumast ja pilliroo on elegantsed valged ilusad õied.

Kuna pilliroo on kõik niisugused küljed nagu pehmus, tugevus ja ilu, võib see sümboliseerida teatud kohtuotsuste õiglust. Niisugused pilliroogu iseloomustavad jooned võib omistada ka Iisraeli riigile. Iisraelil on suhteliselt väike territoorium ja rahvastik ja seda ümbritsevad vaenulised naabrid. Iisrael võib näida otsekui see oleks nõrk maa, kuid see ei „murdu" kunagi mingis olukorras. See on nii, kuna Iisraelil on nii tugev usk Jumalasse ja see usk on juurdunud esiisade, kaasa arvatud Aabrahami usus. Kuigi paistab, et Iisrael võib füüsiliselt hetkega tükkideks laguneda, laseb iisraellaste usk Jumalasse neil kindlana püsida.

Samamoodi peab meil Uude Jeruusalemma sisenemiseks olema usk, mis ei vaaru kunagi mingis olukorras ja juurdub nagu tugevate juurtega pilliroog Jeesuses Kristuses, kes on kalju.

Neljandaks, pilliroo tüved on otsesed ja siledad, seega on neid sageli kasutatud katuste, noolte või sulepea sulgede tegemiseks. Sirge tüvi viitab ka edaspidisele liikumisele. Usku peetakse „elavaks" vaid siis kui see edeneb. Need, kes end täiustavad ja arendavad, kasvavad usus iga päev ja edenevad Taeva suunaliselt.

Jumal valib need head astjad, kes Taeva suunas liiguvad ja puhastab ja muudab nad täiuslikuks, nii et need inimesed võiksid Uude Jeruusalemma minna. Seega me peaksime liikuma Taeva suunaliselt nagu lehed, mis sirge varre otsast võrsuvad.

Viiendaks, nagu paljud luuletajad kirjutavad pillirooõite kohta, et need kujutavad rahulikku maastikupilti, on pilliroo väga pehme ja ilus väljanägemine ja pilliroo lehed on kaunid ja elegantsed. Nii nagu öeldakse 2. Korintlastele 2:15: *„Meie oleme ju Kristuse hea lõhn Jumalale nii nende seas, kes päästetakse, kui ka nende seas, kes hukkuvad,"* need, kes seisavad usukaljul, eritavad Kristuse head lõhna. Neil, kellel on niisugune süda, on kaunis trööstiv näoilme ja inimesed võivad nende vahendusel Taevast kogeda. Seega, Uude Jeruusalemma sisenemiseks tuleb meil eritada Kristuse head lõhna, mis sarnaneb lillede pehmusele ja pilliroolehtede elegantsile.

Kuuendaks, pilliroolehed on õhukesed ja nende ääred on piisavalt teravad, et riivamisi nahka sisse lõigata. Samamoodi ei tohiks need, kellel on usk, patuga kompromissile minna, vaid nad peaksid muutuma lehtede taoliseks, vabanedes kogu kurjast.

Taaniel, kes oli suure Pärsia riigi minister ja keda kuningas armastas, seisis silmitsi kohtuprotsessiga, kus talle määrati karistuseks tema peale kadedate kurjade meeste poolt lõvikoopasse heitmine. Kuid ta ei läinud kompromissile, vaid hoidis tugevasti oma usust kinni. Selle tulemusel saatis Jumal oma ingli, kes sulges lõvide suud ja lasi Taanielil Jumalat kuninga ja kogu rahva ees väga austada.

Jumalal on hea meel sellisest usust nagu oli Taanielil, sedasorti usk ei lähe maailmaga kompromissile. Ta kaitse neid, kellel on niisugune usk, igasuguste raskuste ja läbikatsumuste eest ja laseb neil Teda lõpus austada. Samuti Ta õnnistab ja teeb neist *„pea ja mitte saba,"* kuhu iganes nad ka ei läheks (5. Moosese raamat 28:1-14).

Pealegi, nagu Õpetussõnades 8:13 öeldakse: *„Isanda kartus on kurja vihkamine,"* kui teie südames on kurjust, tuleb teil see innuka palve ja paastumise kaudu eemale heita. Ainult siis, kui te ei tee patuga kompromissi, vaid vihkate kurja, saate te pühitsetud ja vastate Uude Jeruusalemma mineku tingimustele.

Me vaatlesime põhjust, miks Jumal mõõdab Uue Jeruusalemma linna kuldpillirooga ja vaatlesime pilliroo kuut iseloomulikku tunnust. Kuldpilliroo kasutamine teeb meile teatavaks, et Jumal mõõdab meie usku täpselt ja tasub meile täpselt elus tehtu eest ja täidab oma tõotused. Seega, ma loodan, et te mõistate, et te peate vastama tingimustele, mis sobituvad kuldpilliroo vaimse tähendusega ja vabanema igasugusest kurjast ning saama Isanda südame.

2. Nelinurkne Uus Jeruusalemm

Jumal pani Uue Jeruusalemma suuruse ja kuju Piiblisse spetsiaalselt kirja. Johannese ilmutuses 21:16 öeldakse, et linn on nelinurkne ja tuhande viiesaja miili (12 000 vao) pikkune, laiune ja kõrgune. Selle peale võivad mõned imestada: „Kas me ei tunne end seal luku taga olevana?" Kuid Jumal tegi Uue Jeruusalemma sisemuse väga mugavaks ja meeldivaks. Samuti ei ole võimalik Uue Jeruusalemma sisse väljastpoolt näha, kuid müüride sees asuvad inimesed saavad välja näha. Teiste sõnadega, müüride vahel olles ei ole põhjust end ebamugavalt ega vangistatult tunda.

Nelinurga kujuline Uus Jeruusalemm

Mis põhjusel siis Jumal tegi Uue Jeruusalemma nelinurkseks? Sama pikkus ja laius kujutavad Uue Jeruusalemma linna korda, täpsust, õiglust ja õigust. Jumal valitseb kõike nii, et arvukad tähed, kuu, päike, päikesesüsteem ja ülejäänud universum liiguvad punktipealt ja täpselt ja tõrgeteta. Samuti tegi Jumal Uue Jeruusalemma linna nelinurkseks, et väljendada seda, et Ta valitseb kõiki asju ja ajalugu korrakohaselt ja täidab kõik lõpuni täpselt.

Uuel Jeruusalemmal on võrdne laius ja pikkus ja kaksteist väravat ja kaksteist aluskivi, kolm igal küljel. See sümboliseerib, et hoolimata sellest, kus keegi maa peal elab, rakendatakse reegleid õiglaselt neile, kes täidavad Uue Jeruusalemma mineku tingimused. Nimelt lähevad Uude Jeruusalemma inimesed, kes vastavad kuldpillirooga mõõtmise tingimustele, hoolimata nende soost, vanusest või rassist.

Sellepärast mõistab Jumal oma otsekohese ja õiglase iseloomuga õigluses ja mõõdab Uue Jeruusalemma sisenemiseks vajalikke omadusi täpselt. Pealegi kujutab nelinurk põhja, lõunat, ida ja läänt. Jumal tegi Uue Jeruusalemma ja kutsub oma täiuslikke lapsi, kes on usu läbi päästetud, neljast ilmakaarest iga rahva hulgast.

Johannese ilmutuses 21:16 öeldakse: *"Linn on nelinurkne ja ta pikkus on võrdne laiusega. Ta mõõtis linna pillirooga – kaksteist tuhat vagu. Ta pikkus ja laius ja kõrgus on võrdsed."* Samuti kirjutatakse Johannese ilmutuses 21:17: *"Ja ta mõõtis tema müüri – sada nelikümmend neli küünart inimese, see tähendab ingli mõõdu järgi."*

Uue Jeruusalemma müürid on seitsekümne kahe jardi paksused. „Seitsekümmend kaks jardi" on teisendatud umbes „144 küünraks" või 65 meetriks ehk 213 jalaks. Kuna Uue Jeruusalemma linn on tohutusuur, on ka selle müürid võrreldamatult paksud.

4. peatükk

Tehtud puhtast kullast ja igasugust värvi kalliskividest

1. Kaunistatud puhta kulla ja igasuguste vääriskividega
2. Uue Jeruusalemma müürid on jaspisest
3. Tehtud selge klaasi taolisest puhtast kullast

*Selle müür on jaspisest ning linn ise
puhtast kullast, selge klaasi sarnane.*

- Johannese ilmutus 21:18 -

Oletame, et teil on kogu rikkus ja meelevald, et ehitada maja, kus te võite oma lähedastega igavesti elada. Kuidas teile meeldiks seda projekteerida? Missuguseid materjale te kasutaksite? Hoolimata selle maksumusest, ehitusele kuluva aja pikkusest ja ehituseks kuluva inimtööjõu hulgast, soovite te seda tõenäoliselt ehitada kõige ilusamalt ja vaimustavalt.

Samamoodi, kas meie Isa Jumal ei oleks tahtnud Uut Jeruusalemma ehitada ja kaunistada ilusalt kõige paremate taevaste materjalidega, et seal oma armsate lastega igavesti viibida? Pealegi on igal Uue Jeruusalemma materjalil erinev tähendus, et tunda ära ajad, millal me usus ja armastuses siin maa peal vastu pidasime ja kõik seal on suurejooneline.

See on üksnes loomulik, et need, kes oma südamepõhjast Uut Jeruusalemma taga igatsevad, tahavad selle kohta rohkem teada.

Jumal teab nende inimeste südant ja andis meile Piiblis Uue Jeruusalemma kohta erinevat üksikasjalikku teavet, kaasa arvatud selle suuruse, kuju ja isegi müüripaksuse kohta.

Millest on siis Uue Jeruusalemma linn tehtud?

1. Kaunistatud puhta kulla ja igasuguste vääriskividega

Uus Jeruusalemm, mille Jumal oma lastele valmistas, on puhtast kullast, mis ei muutu kunagi ja on muude vääriskividega kaunistatud. Taevas ei ole maapealse mullapinnase laadset materjali, mis aja jooksul muutub. Uue Jeruusalemma teed on puhtast kullast ja selle aluskivid on vääriskividest. Kui eluvee jõe rannikuliiv on kullast ja hõbedast, kuivõrd palju hämmastavamad võivad olla muude ehitiste materjalid?

Uus Jeruusalemm: Jumala meistriteos

Muude maailmakuulsate hoonete seas erinevad eri ehitiste sädelus, väärtus, elegants ja peenus vastavalt kasutatud ehitusmaterjalidele. Marmoriliigid on säravamad, elegantsemad ja ilusamad kui liiv, puu või tsement.

Kas te suudate ette kujutada, kui ilus ja tore oleks, kui te ehitaksite kogu hoone hinnalisest kullast ja vääriskividest? Pealegi, kuivõrd palju ilusamad ja fantastilisemad on taevased ehitised, mis on tehtud kõige ilusamatest materjalidest!

Taevane kuld ja vääriskivid, mis on Jumala väega tehtud, erinevad palju maapealsetest oma kvaliteedi, värvuse ja ümbertöötluse poolest. Nende puhtust ja valgust, mis paistab nii ilusalt, ei ole võimalik sõnadega piisavalt hästi kirjeldada.

Isegi maa peal võib samast savist palju eri astjaid teha. Tegu võib olla kalli portselani või odavate savinõudega, sõltuvalt savi liigist ja potissepa oskuste tasemest. Jumalal kulus tuhandeid aastaid, et ehitada oma meistritöö – Uus Jeruusalemm, mis on täis linna arhitekti suurejoonelist, hinnalist ja täiuslikku au.

Puhas kuld tähistab usku ja igavest elu

Puhas kuld on sajaprotsendiline kuld, kus ei ole mingit ebapuhtust ja see on ainus muutumatu asi maa peal. Selle omaduse tõttu kasutasid paljud maad seda oma valuuta ja vahetuskursi standardina ja seda kasutatakse ka kaunistuseks ja tööstuslikul otstarbel. Paljud tahavad ja armastavad puhast kulda.

Jumal andis meile maa peal kulla, et me võiksime aru saada, et mõned asjad ei muutu kunagi ja igavene maailm on olemas. Maapealsed asjad kuluvad ja muutuvad aja jooksul. Kui meil oleks vaid niisugused asjad, oleks meil oma piiratud teadmistega raske aru saada, et igavene Taevas on olemas.

Sellepärast lubab Jumal meil selle kulla kaudu igaveste muutumatute asjade olemasolust teada. See on meie jaoks, et me mõistaksime, et on midagi muutumatut ja meil oleks igavese taeva lootus. Puhas kuld esindab vaimset usku, mis ei muutu iialgi. Seega, kui te olete targad, püüate te saada usku, mis on nagu muutumatu puhas kuld.

Taevas on palju puhtast kullast tehtud asju. Kujutage ette, kui tänulikud me oleme, kui me vaatame vaid Taevast, mis on tehtud puhtast kullast, mida me pidasime selles maapealses elus kõige kallimaks!

Aga rumalad hindavad kulda vaid oma rikkuse suurendamise või näitamise vahendina. Seepärast on nad Jumalast eemal ja ei armasta Teda ja nad lõpetavad tulejärves või põlevad põrguväävlis ja kahetsevad lõpuks, öeldes: „Ma ei kannataks põrgus, kui ma oleksin pidanud usku sama kalliks kui kulda."

Seega, ma loodan, et te olete tark ja saate Taeva osaliseks, püüdes saada muutumatut usku, mitte selle maailma kulda, mille te peate oma maapealse elu lõpus jätma.

Vääriskivid tähistavad Jumala au ja armastust

Vääriskivid on kõvad ja neil on kõrge valguskiirte murdumisindeks. Nad on ilusate värvidega ja valgusega ja nad ergavad seda. Kuna neid ei toodeta palju, armastavad ja peavad neid hinnaliseks paljud inimesed. Taevas riietab Jumal need, kes usu läbi Taevasse said, peene linase riidega ja kaunistab need oma armastuse väljenduseks paljude vääriskividega.

People armastavad vääriskive ja püüavad end erinevate kaunistustega ehtides ilusamaks teha. Kui meeldiv see võib olla, kui Jumal annab teile Taevas palju eredaid vääriskive.

Võib küsida: „Miks me vajame vääriskive Taevas?" Taevased vääriskivid kujutavad Jumala au ja vääriskivide hulk, mis inimesele tasuks antakse, kujutab Jumala armastuse määra selle isiku vastu.

Taevas on arvukaid eri liiki ja värvi vääriskive. Uue Jeruusalemma kaheteistkümne aluskivi jaoks on läbipaistev tumesinist värvi safiir; läbipaistev roheline smaragd; tumepunane rubiin ja läbipaistev kollakasroheline krüsoliit. Berüll on sinakasroheline ja meenutab selget merevett ja topaasil on kerge oranž värv. Krüsopraas on poolläbipaistvat tumerohelist värvi ja ametüst on helelilla või tumepunane.

Muidu on loendamatuid vääriskive, millel on ilus värv ja mis seda ergavad, nagu jaspis, kaltsedoon, sardoonüks ja hüatsint. Kõigil neil vääriskividel on erinevad nimed ja eri tähendus nii nagu maapealsetel vääriskividelgi. Iga vääriskivi värvid ja nimed on kombineeritud, et näidata väärikust, uhkust, väärtust ja au.

Nii nagu maapealsed vääriskivid ergavad eri värve ja valgusi eri nurkade all, on taevastel vääriskividel erinevad valgused ja värvid ja Uue Jeruusalemma vääriskivid säravad eriti ja peegeldavad valgust kahe- või kolmekordselt.

Üsna ilmselge, et need vääriskivid on võrreldamatult ilusamad maapeal olevatest, sest Jumal Ise poleeris need loomise väega, tollepärast ütles apostel Johannes, et Uue Jeruusalemma ilu on kõige hinnalisemate vääriskivide sarnane.

Samuti ergavad Uue Jeruusalemma vääriskivid palju rohkem ilusat valgust kui muudes eluasemetes leiduvad, sest Uude Jeruusalemma minevad Jumala lapsed on saanud täieliku Jumala südame ja Teda austanud. Seega on Uus Jeruusalemm kaunistatud nii seest kui väljast paljude eriliiki ja eri värvi ilusate vääriskividega. Kuid igaüks ei saa neid vääriskivisid, vaid need antakse vastavalt igaühe maapealsetele tegudele.

2. Uue Jeruusalemma müürid on jaspisest

Johannese ilmutuses 21:18 öeldakse, et Uue Jeruusalemma müürid on „jaspisest." Kas te suudate ette kujutada, kui suurejoonelised võivad olla Uut Jeruusalemma ümbritsevad jaspisest müürid?

Jaspis esindab vaimset usku

Maa peal leiduv jaspis on tavaliselt tahke läbipaistmatu kivi. Sellel on erinev värv, alates rohelisest ja punasest kuni kollakasroheliseni. Mõned on segatud värvid ja mõnel on täpid. Kõvadus erineb sõltuvalt värvist. Jaspis on suhteliselt odav ja mõni jaspiskivi murdub kergesti, kuid Jumala tehtud taevane jaspis ei muutu ega murdu kunagi. Taevasel jaspisel on sinakasvalge värv ja see on läbipaistev, nii et seda nähes on tunne, otsekui selgesse veekogusse vaadates. Kuigi seda ei saa millegi maapealsega võrrelda, sarnaneb see ereda sinaka päikesevalgusega, mis peegeldub ookeanilainetelt.

Jaspis tähistab vaimset usku. Usk on kõige olulisem ja põhilisem element kristlase elus. Ilma usuta ei ole võimalik pääseda ega Jumale meelepärane olla. Pealegi ei saa Uude Jeruusalemma sisse ilma Jumalale meelepärase usuta.

Seega on Uue Jeruusalemma linn ehitatud usust ja jaspis on usu värvi väljendav vääriskivi. Seetõttu on Uue Jeruusalemma müürid jaspisest.

Kui Piiblis öeldakse, et „Uue Jeruusalemma müürid on usust tehtud," kas inimesed suudaksid seda väljendust mõista? Muidugi ei ole seda inimliku mõtlemisega võimalik mõista ja inimestel oleks väga raske ette kujutada, kui kaunilt Uus Jeruusalemm on ehitud.

Jaspisest müürid säravad selgelt Jumala au valguses ja on kaunistatud paljude mustrite ja kujundustega.

Uue Jeruusalemma linn on Looja Jumala meistritöö ja igavese puhkuse koht inimarengu 6000 aasta parima vilja jaoks. Kuivõrd suurejooneline, ilus ja hiilgav on see linn.

Me peame mõistma, et Uus Jeruusalemm on tehtud parima tehnoloogia ja seadmetega, mille mehaanikat me ei suuda isegi mõista.

Kuigi müürid on läbipaistvad, ei ole sisemus väljastpoolt nähtav. Aga see ei tähenda, et linnas olevad inimesed tunneksid end linnamüüride sisse vangistatuna. Uue Jeruusalemma elanikud võivad linna seest välja näha ja see annab tunde, otsekui polekski seal müüre. Kui imeline see võib olla!

3. Tehtud selge klaasi taolisest puhtast kullast

Johannese ilmutuse 21:18 viimases osas kirjutatakse: *"Linn oli puhtast kullast, selge klaasi sarnane."* Vaatleme nüüd kulla iseloomustust, mis aitab meil Uut Jeruusalemma ette kujutada ja selle ilu hoomata.

Puhtal kullal on muutumatu väärtus

Kuld ei oksüdeeru õhus ega vees. See ei muutu aja jooksul ja ei reageeri ühegi muu ainega kokku puutudes keemiliselt. Kullal säilub alati samasugune ilus hiilgus. Maapealne kuld on liiga pehme, seega me sulatame kulda; taevane kuld ei ole liiga pehme. Samuti ergavad taevane kuld või muud vääriskivid eri värve ja nende tahkus erineb maapealsete omast, sest nad saavad Jumala auvalgust.

Isegi maa peal erinevad vääriskivide elegants ja väärtus vastavalt oskustöölise oskustele ja tehnikatele. Kui kallihinnalised ja ilusad võivad Uue Jeruusalemma vääriskivid olla, kuna Jumal Ise puudutas ja lõikas nad?

Taevas ei ole ahnust ega soovi omada ilusad või häid asju. Maa peal on inimestel kalduvus vääriskivisid armastada oma pillava ja mõttelageda kuulsuse tõttu, kuid Taevas armastavad nad vääriskivisid vaimselt, kuna nad teavad neist igaühe vaimset tähendust ja nad hindavad Taeva valmistanud ja ilusate vääriskividega ehtinud Jumala armastust.

Jumal tegi Uue Jeruusalemma puhtast kullast

Miks siis Jumal tegi Uue Jeruusalemma linna puhtast kullast, mis on selge nagu klaas? Nii nagu varem selgitati, tähistab puhas kuld vaimselt usku, lootust, mis on ususst sündinud, rikkust, au ja meelevalda. „Lootus, mis on sündinud ususst" tähendab, et te võite saada usu omamise tõttu päästetud, loota Uude Jeruusalemma minekut, vabaneda oma pattudest ja taotleda enese pühitsust ning oodata lootuses tasusid.

Seega tegi Jumal selle linna puhtast kullast, et need, kes sisenevad sinna kirgliku lootusega, võiksid olla igavesti täis tänu ja õnnetunnet.

Johannese ilmutuses 21:18 öeldakse, et Uus Jeruusalemm on *„nagu läbipaistev klaas."* See selgitab, kui selge ja kena on Uue Jeruusalemma maastik. Taeva kuld on selge ja puhas kui klaas, erinevalt maa peal olevast läbipaistmatust kullast.

Uus Jeruusalemm on selge ja kena ja plekita, kuna see on tehtud puhtast kullast. Sellepärast lausus apostel Johannes, et see linn on nagu *„puhas kuld, mis on otsekui läbipaistev klaas."*

Püüdke ette kujutada Uue Jeruusalemma linna, mis on tehtud puhtast selgest kullast ja palju ilusaid erivärvi vääriskivide liike.

Pärast Isanda vastuvõtmist pidasin ma kulda või vääriskive tavalisteks kivideks ja ei tahtnud kunagi neid omada. Ma olin täis taevalootust ja ei armastanud selle maailma asju. Aga kui ma palusin, et võiksin Taeva kohta enam teada saada, ütles Isand mulle: „Taevas on kõik tehtud ilusatest vääriskividest ja kullast; sa peaksid neid armastama." Ta ei pidanud silmas, et ma oleksin kulda ja vääriskive koguma hakanud. Selle asemel ma pidin aru saama Jumala ettehooldest ja vääriskivide vaimsest tähendusest ja armastama neid sedamoodi, nagu Jumala silmes kohane.

Ma kannustan teid, et te armastaksite vaimselt kulda ja vääriskive. Kui te näete kulda, võite te mõtelda:. „Mul peaks olema puhta kulla taoline usk." Kui te näete teisi erinevaid vääriskive, võite te loota Taevale ja öelda: „Kui ilus võib olla mu taevane koda?"

Ma palun Isanda Jeesuse Kristuse nimel, et teil võiks olla puhta kulla taolise usu omandamise kaudu taevane koda, mis on tehtud muutumatust kullast ja suurepärastest vääriskividest ja te liiguksite Taeva suunas.

5. peatükk

Kaheteistkümne aluskivi tähendus

1. Jaspis: Vaimne usk
2. Safiir: Ausus ja meelepuhtus
3. Kaltsedoon: Süütus ja ohvrimeelne armastus
4. Smaragd: Õiglus ja puhtus
5. Sardoonüks: Vaimne ustavus
6. Karneool: Kirglik armastus
7. Krüsoliit: Halastus
8. Berüll: Kannatlikkus
9. Topaas: Vaimne headus
10. Krüsopraas: Enesevalitsus
11. Hüatsint: Puhtus ja pühadus
12. Ametüst: Ilu ja tasadus

Ja linna müüri aluskivid on ehitud igasuguste kalliskividega. Esimene aluskivi on jaspis, teine safiir, kolmas kaltsedon, neljas smaragd, viies sardoonüks, kuues karneool, seitsmes krüsoliit, kaheksas berüll, üheksas topaas, kümnes krüsopraas, üheteistkümnes hüatsint, kaheteistkümnes ametüst.

- Johannese ilmutus 21:19-20 -

Apostel Johannes kirjutas kaheteistkümnest aluskivist üksikasjalikult. Miks Johannes andis nii põhjaliku ülevaate Uuest Jeruusalemmast? Jumal tahtis, et Ta lastel oleks igavene elu ja tõeline usk selle läbi, et nad saavad Uue Jeruusalemma kaheteistkümne aluskivi vaimsest tähendusest teada.

Miks siis Jumal tegi kaksteist aluskivi kaheteistkümnest kalliskivist? Kaheteistkümne kalliskivi kombinatsioon kujutab Jeesuse Kristuse ja Jumala südant, armastuse kõrgpunkti. Seega, kui te saate aru iga kaheteist kalliskivi vaimsest tähendusest, võite te lihtsalt eristada seda, kuivõrd teie süda sarnaneb Jeesuse Kristuse südamele ja kuivõrd te vastate Uude Jeruusalemma mineku tingimustele.

Vaatleme nüüd kahtteist kalliskivi ja nende vaimseid tähendusi.

1. Jaspis: Vaimne usk

Jaspis, Uue Jeruusalemma müüride esimene aluskivi, tähistab vaimset usku. Usku saab üldjoontes jagada „vaimseks usuks" ja „lihalikuks usuks." Kui lihalik usk on vaid teadmistest tulvil usk, kaasnevad vaimse usuga inimese südamepõhjast tulevad teod. Jumal tahab lihaliku asemel vaimset usku. Kui teil puudub vaimne usk, ei kaasne teie „usuga" teod ja te ei saa Jumalale meelepärased olla ega Uude Jeruusalemma minna.

Vaimne usk on kristliku elu alus

„Vaimne usk" viitab igasugusele usule, millega inimene saab südamest kogu Jumala Sõna uskuda. Kui teil on niisugune usk, millega kaasnevad teod, püüate te pühitsusele jõuda ja Uue Jeruusalemma suunas kiiresti liikuda. Vaimne usk on kristliku elu elamise kõige olulisem element. Usuta ei saa pääseda, palvevastuseid ega taevalootust.

Heebrealastele 11:6 tuletatakse meile meelde: *„Aga ilma usuta on võimatu olla meelepärane, sest kes tuleb Jumala juurde, peab uskuma, et Tema on olemas ja et Ta annab palga neile, kes Teda otsivad."* Kui teil on tõeline usk, usute te, et Jumal tasub teile ja siis te saate olla ustavad, võidelda pattudest vabanemiseks nende vastu ja kitsast teed mööda käia. Ja te suudate tulihingeliselt head teha ja Püha Vaimu järgides Uude Jeruusalemma minna.

Seega, usk on kristliku elu alus. Nii nagu ehitis ei saa tugeva vundamendita turvaline olla, ei saa te õiget kristlikku elu kindla usuta elada. Sellepärast õhutatakse meid Juuda 1:20-21: *„Teie aga, armsad, olles rajanud endid oma kõige pühamale usule ja palvetades Pühas Vaimus, hoidke endid Jumala armastuses, oodates meie Isanda Jeesuse Kristuse halastust igaveseks eluks."*

Usuisa Aabraham

Parim piibellik isik, kes uskus Jumala Sõna muutumatult ja demonstreeris täielikult kuulekuse tegusid, on Aabraham. Teda kutsuti „usuisaks", sest ta demonstreeris muutumatult täiuslikke tegusid.

Ta sai 75-aastaselt Jumalalt suure õnnistussõna. See tõotas, et Jumal teeb Aabrahamist suure rahva ja Aabrahamist saab õnnistuse allikas. Ta uskus seda sõna ja lahkus oma kodulinnast, kuid ta ei saanud üle 20 aasta omale poega, kes oleks ta pärijaks saanud.

Kulus väga kaua aega, kuniks Aabraham ja ta naine Saara olid lapsesaamise jaoks liiga vanad. Isegi sellises olukorras öeldakse Roomlastele: *„Ta ei kõhelnud uskmatuse tõttu."* Ta sai tugevaks usus ja uskus Jumala lubadust täielikult; seega ta sai oma poja Iisaki 100-aastaselt.

Kuid oli veel üks sündmus, mille käigus Aabrahami usk paistis veelgi kirkamas valguses. See sündis, kui Jumal käskis Aabrahamil oma ainus poeg Iisak ohvriks tuua. Aabraham ei kahelnud Jumala Sõnas, mis ütles, et Jumal annab talle Iisaki kaudu arvutult järglasi. Kuna Aabrahamil oli kindel usk Jumala Sõnasse, arvas ta, et Jumal elustab Iisaki isegi siis, kui ta Iisaki põletusohvriks oleks andnud.

Sellepärast ta kuuletus Jumala Sõnale otsekohe. Selle kaudu vastas Aabraham rohkem kui piisavalt usuisaks saamise tingimustele. Samuti, Aabrahami järglaste kaudu moodustus Iisraeli rahvus. See tähendab, et ta kandis ka füüsiliselt rikkalikku usuvilja.

Kuna ta uskus Jumalat ja Tema Sõna, ta kuuletus öeldule. See on vaimse usu eeskujuks.

Peetrus sai taevariigi võtmed

Mõtleme niisuguse vaimse usuga inimesele. Milline usk

oli apostel Paulusel, et tema nimi on graveeritud ühele Uue Jeruusalemma aluskivile? Me teame, et Peetrus kuuletus Jeesusele isegi enne seda, kui teda jüngriks kutsuti; näiteks, kui Jeesus käskis tal võrgud loomuse katseks välja lasta, ta tegutses otsekohe selle kohaselt (Luuka 5:3-6). Samuti, Peetrus kuuletus usus, kui Jeesus käskis tal tuua eesli ja sälu (Matteuse 21:1-7). Peetrus kuuletus, kui Jeesus käskis tal minna järvele, kala püüda ja sellest münt võtta (Matteuse 17:27). Lisaks, ta käis vee peal nagu Jeesus, kuigi see kestis ainult hetke. Me võime ette kujutada, et Peetrusel oli hiigelsuur usk.

Selle tulemusel pidas Jeesus Peetruse usku õigeks ja andis talle taevariigi võtmed, et mida iganes ta maa peal sidus, oleks seotud taevas ja mida iganes ta maa peal vabastas, oleks vabastatud ka taevas (Matteuse 16:19). Peetrus sai täiuslikuma usu pärast Püha Vaimu vastuvõtmist, tunnistas julgelt Jeesusest Kristusest ja pühendus märtrisurmani kogu oma ülejäänud eluajal jumalariigile.

Me peaksime Peetruse moodi Taeva suunas edasi liikuma, Jumalat austama ja Talle meelepärase usuga Uut Jeruusalemma oma valdusse võtma.

2. Safiir: Ausus ja meelepuhtus

Safiirist, Uue Jeruusalemma müüride teisest aluskivist, lähtub läbipaistev, tumesinine värv. Mida siis safiir vaimselt tähendab? See tähistab ausust ja meelepuhtust tões, mis püsib kindlalt selle maailma ahvatluste või ähvarduste vastu. Safiir on kivi, mis tähistab tõevalgust, mis suudab muutumatult ja „ausa südamega", mis peab kogu Jumala tahet õigeks, otsejoones edasi liikuda.

Taaniel ja ta kolm sõpra

Hea piiblinäide vaimsest aususest ja meelepuhtusest räägib Taanielist ja ta kolmest sõbrast—Saadrakist, Meesakist ja Abednegost. Taaniel ei läinud kompromissile millegagi, mis ei olnud Jumala õigsusega kooskõlas, isegi kui tegu oli kuninga korraldusega. Taaniel pidas Jumala ees oma õigsusest kinni, kuni ta visati lõukoerte auku. Jumalal oli nii hea meel Taanieli usuga kaasnevast meelepuhtusest, et Ta kaitses Taanieli ja saatis oma ingli, kes sulges lõukoerte suu ja lasi tal Jumalale suurt au tuua.

Taanieli 3:16-18 öeldakse, et ka Taanieli kolm sõpra hoidsid õiglase südamega oma usust kinni, kuni nad visati lõõmavasse tuleahju. Selleks, et ebajumalakummardamise pattu mitte teha, tunnistasid nad kuninga ees julgelt järgmist:

> „Nebukadnetsar! Selle peale pole meil tarvis sulle vastata sõnagi. Kui see peab olema, võib meie Jumal, keda me teenime, meid päästa: Ta päästab meid tulisest ahjust ja sinu käest, oh kuningas! Aga kui mitte, siis olgu sul teada, kuningas, et meie ei teeni su jumalaid ega kummarda kuldkuju, mille sa oled lasknud püstitada."

Lõpuks, hoolimata sellest, et Taanieli kolm sõpra visati seitse korda tavalisest tulisemasse tuleahju, ei saanud nad isegi põletada, sest Jumal oli nendega. See on väga hämmastav, et isegi ükski nende juuksekarv ei kõrbenud ära ja neil polnud kõrbelõhnagi! Seda kõike oma silmaga pealt näinud kuningas austas Jumalat ja ülendas Taanieli kolme sõpra.

Me peaksime paluma usus, kahtlemata

Jakoobuse 1:6-8 räägitakse, kuivõrd Jumal vihkab ebaausaid südameid:

Aga ta palugu usus, ilma kahtlemata, sest kahtleja sarnaneb tuule tõstetud ja sinna-tänna paisatud merelainega. Selline inimene ärgu ometi arvaku, et ta midagi saab Isandalt, ta on hingelt kaksipidine mees, ebakindel kõigil oma teedel.

Kui meil ei ole aus süda ja me kahtleme Jumala ees isegi veidike, oleme me kaksipidised. Kahtlejail on kalduvus end maailma kiusatuste poolt kergesti kõigutada lasta, sest nad on tähelepanematud ja kavalad. Lisaks, „kaksipidised" inimesed ei saa Jumala au näha, sest nad ei suuda oma usku näidata ega kuuletuda. Sellepärast tuletatakse meile meelde Jakoobuse 1:7: *„Selline inimene ärgu ometi arvaku, et ta midagi saab Isandalt."*

Varsti, pärast mu koguduse asutamist, surid mu kolm tütart peaaegu süsinikdioksiidimürgitusse. Aga ma ei muretsenud üldsegi ja ma ei mõtelnud nende haiglasse viimise peale, sest ma uskusin täiesti kõikvõimast Jumalat. Ma läksin lihtsalt altari juurde ja põlvitusin tänupalveks. Pärast seda palusin ma usus: „Ma käsin Jeesuse Kristuse nimel! Mürkgaas, kao!" Siis tõusid mu tütred, kes olid varem teadvusetud, kohe ühekaupa üles, kui ma palvetasin neist igaühe eest. Hulk koguduseliikmeid, kes seda pealt nägid, olid väga hämmastunud ja rõõmsad ning austasid väga Jumalat.

Kui meil on usk, mis ei lähe kunagi selle maailmaga kompromissile ja õiglane süda, mis on Jumalale meeltmööda, võime me Teda piiramatult austada ja Kristuses õnnistatud elu elada.

3. Kaltsedoon: Süütus ja ohvrimeelne armastus

Kaltsedoon, kolmas Uue Jeruusalemma müüride aluskivi, sümboliseerib vaimselt süütust ja ohvrimeelset armastust.

Süütus on tegudes puhas ja plekitu olek ja veatu süda. Kui inimene suudab end niisuguse südamepuhtusega ohvriks tuua, on tal kaltsedoonis sisalduv vaimne süda.

Ohvrimeelne armastus on niisugune armastus, mis ei küsi kunagi midagi vastutasuks, isegi kui tegu on Jumala õigsuse ja jumalariigiga. Kui inimesel on ohvrimeelne armastus, on ta rahul ainult tõsiasjaga, et ta armastab teisi igasugustes oludes ja ei taotle mingit vastutasu. See on nii, kuna vaimne armastus ei taotle omakasu, vaid üksnes seda, mis tuleb teistele kasuks.

Kuid lihaliku armastusega tunneb inimene end tühjalt, kurvalt ja valutava südamega, kui ta ei leia vastuarmastust, sest niisugune armastus on oma olemuselt isekas. Seega, lihaliku armastusega inimene, kellel pole ohvrimeelset südant, võib lõpuks teisi vihata või varem lähedaste inimeste vaenlaseks saada.

Seega me peame aru saama, et tõeline armastus on kogu inimkonda armastanud ja lepitusohvriks saanud Isanda armastus.

Ohvrimeelne armastus, mis ei taotle mingit vastutasu

Meie Isand Jeesus, kes oli Jumala enese loomus, tegi end eimillekski ja alandus ning tuli maa peale lihas, et päästa kogu inimkond. Ta sündis tallis ja pandi sõime, et päästa loomataolisi inimesi ja Ta elas kogu eluaja vaeselt, et meid vaesusest päästa. Jeesus tervendas haiged, tegi nõrgad tugevaks, andis lootuse kaotanud inimestele lootuse ja oli hüljatute sõber. Ta osutas meile vaid headust ja armastust, aga selle eest Teda mõnitati, piitsutati ja lõpuks löödi Ta risti. Ta kandis okaskrooni, mille panid Ta pähe kurjad inimesed, kes ei saanud aru, et Ta oli tulnud meie Päästjaks.

Jeesus palus Isa Jumalat Teda pilganud ja ristilöönud inimeste vastu armastust tundes isegi siis, kui Ta kannatas ristilöömise valu. Ta oli veatu ja laitmatu, kuid Ta tõi end patuste inimolendite eest ohvriks. Meie Isand andis selle ohvrimeelse armastuse kogu inimkonnale ja tahab, et igaüks armastaks kõiki teisi. Seega, meie, kes me oleme Isandalt niisuguse armastuse saanud, ei tohiks midagi vastutasuks tahta ega oodata, kui me tõesti teisi armastame.

Rutt, kes demonstreeris ohvrimeelset armastust

Rutt ei olnud iisraellane, vaid moabiit. Ta abiellus Iisraeli näljahäda eest Moabimaale pagenud Naomi pojaga. Naomil oli kaks poega ja mõlemad neist abiellusid moabiitidega. Kuid mõlemad Naomi kahest pojast surid seal.

Kui Naomi kuulis neis tingimustes olles, et Iisraeli näljahäda oli läbi, tahtis ta Iisraeli naasta. Naomi tegi oma miniatele ettepaneku, et nad jääksid koju – Moabimaale. Üks neist keeldus esiteks, aga naasis lõpuks oma vanemate juurde. Kuid Rutt nõudis, et ta ämmaga minna saaks.

Ohvrimeelse armastuseta ei oleks Rutt seda teinud. Rutt pidi ämma toetama, sest ta oli väga vana. Lisaks läks ta täiesti võõrale maale elama. Ta ei saanud sellest mingit kasu, isegi kui ta teenis oma ämma väga hästi.

Rutt demonstreeris ohvrimeelset armastust oma ämma vastu, kes ei olnud ta veresugulane ja kes oli seega talle otsekui täielik võõras. Rutt tegi nii, sest temagi uskus Jumalat, keda ta ämm uskus. See tähendab, et Ruti ohvrimeelne armastus ei tulnud vaid ta kohusetundest – see oli vaimne armastus, mis tuli usust Jumalasse.

Rutt tuli ämmaga Iisraeli ja tegi väga palju tööd. Päevaajal korjas ta põldudelt teri, et süüa saada ja teenis oma ämma sellega. See ehtne heategu sai loomulikult sealsetele inimestele teatavaks. Lõpuks õnnistati Rutti väga Boase kaudu, kes oli ta ämma sugulaste seas olev sugulasest lunastaja.

Paljud inimesed arvavad, et kui nad alanduvad ja ohverdavad end, alaneb ka nende väärtus. Sellepärast ei suuda nad end ohverdada ega alanduda. Aga end isetute motiivide ja puhta südamega ohverdavad inimesed saavad Jumala ja inimeste silmis ilmsiks. Headus ja armastus paistavad teistele vaimse valguse näol silma. Jumal samastab niisugust ohvrimeelse armastuse valgust kolmanda aluskivi – kaltsedooni valgusega.

4. Smaragd: Õigsus ja puhtus

Smaragd, Uue Jeruusalemma müüride neljas aluskivi, on roheline ja sümboliseerib looduse ilu ja õrna rohelust. Smaragd sümboliseerib vaimselt õigsust ja puhtust ja tähistab valguse vilja, nii nagu kirjutatakse Efeslastele 5:9, kus öeldakse *„Valguse vili on ju igasuguses headuses ja õigluses ja tões."* Värv, mis on „igasuguse headuse ja õigluse ja tõe" harmoonias, on smaragdi vaimse valgusega sama. Ainult siis, kui meis on kogu headus, õiglus ja tõde, saab meis olla Jumala ees tõeline õiglus.

Ei saa olla ainult headust õigluseta ega ainult õiglust headuseta. Ja see headus ja õiglus peavad olema tõesed. Tõde on miski, mis ei muutu iialgi. Seega, isegi kui meil on headus ja õigsus, on see tõesuseta tähendusetu.

„Õigsus", mida Jumal tunnustab, vabaneb pattudest, peab täielikult Piiblis olevatest käsuseadustest kinni, puhastab end igasugusest ebaõiglusest, on kogu oma elus ustav ja teeb sarnast. Samuti, Jumala poolt tunnustatud „õigsuse" hulka kuulub jumalariigi ja Jumala tahte kohase õigsuse taotlemine, õigluse teerajalt mitte eemale minek, kindlalt õiguse eest seismine ja kõik sarnane.

Hoolimata sellest, kui tasased ja head me ka poleks, me ei kanna valguse vilja, kui me pole õiglased. Oletame, et keegi haarab teie isal kõrist kinni ja solvab teda, kuigi ta on süütu. Kui te olete vait ja vaatate oma isa kannatusi pealt, ei saa me seda tõeliseks õigsuseks pidada. Teie kohta ei saa öelda, et te täidate oma pojakohust isa vastu.

Seega, headus ei ole õigsuseta Jumala arvates vaimne „headus." Kuidas saab kaval ja otsustusvõimetu meel hea olla? Vastupidiselt, samuti ei saa õigsus Jumala silmis ilma headuseta „õigsus" olla, vaid on seda üksnes inimese oma meelest.

Taaveti õigsus ja puhtus

Taavet oli teine Iisraeli kuningas, kohe pärast Sauli. Kui Saul oli kuningas, võitles Iisrael vilistide vastu. Jumalal oli Taaveti ususst hea meel ja ta võitis Koljati. Seekaudu sai Iisrael võidu.

Ja kui inimesed armastasid Taavetit pärast seda, püüdis Saul Taavetit kadedusest tappa. Jumal oli juba Sauli ta kõrkuse ja sõnakuulmatuse tõttu jätnud. Jumal lubas Taavetist Sauli asemel kuninga teha.

Selles olukorras kohtles Taavet Sauli headuse, õigluse ja tõega. Taavet pidi kaua aega süütult teda tappa püüdva Sauli eest pagema. Ükskord oli Taavetil väga hea võimalus Sauli tapmiseks. Taavetiga kaasas olnud sõjamehed olid rõõmsad ja tahtsid Sauli tappa, aga Taavet ei lasknud neil teda tappa.

1. Saamueli 24:6 öeldakse: *„Ja ta ütles oma meestele: „Isanda pärast jäägu minust kaugele, et ma seda teeksin oma isandale, Isanda võitule, et pistaksin oma käe tema külge! Sest tema on Isanda võitu!"*"

Isegi kui Jumal hülgas Sauli, ei saanud Taavet Jumala poolt kuningaks võitud Saulile viga teha. Kuna Sauli elada või surra laskmiseks oli meelevald Jumala käes, ei ületanud Taavet oma võimupiire. Jumal ütles, et Taavetil oli õiglane süda.

Ta õigsus sai meeltliigutava headusega ilmsiks. Saul püüdis Taavetit tappa, kuid Taavet päästis Sauli elu. Selles on suur headus. Ta ei tasunud kurja kurjaga, vaid tasus selle eest vaid heade sõnade ja heategudega. See headus ja õigsus oli tõene, mis tähendas, et see lähtus tõest.

Kui Saul teadis, et Taavet säästis ta elu, tundis ta selle headuse tõttu meeleliigutust ja näis, et ta süda muutus. Aga peagi muutusid ta mõtted taas ja ta püüdis jälle Taavetit tappa. Taaskord oli Taavetil Sauli tapmisvõimalus, kuid ta lasi Saulil elada samamoodi nagu ta varem oli teinud. Taavet osutas muutumatut headust ja õigsust, mida Jumal sai tunnustada.

Aga kui Taavet oleks esiteks Sauli tapnud, kas ta oleks saanud kuningaks kiiremini, ilma nii palju kannatamata? Muidugi oleks nii läinud. Isegi kui me peame rohkem kannatusi ja raskusi tegelikus elus läbima, peaks meil olema süda, mis valib Jumala õigsuse kasuks. Ja kui Jumal tunnistab, et me oleme õiglased, annab Ta meile eri tasemel garantii.

Taavet ei tapnud Sauli oma kätega. Sauli tapsid paganad. Ja nii nagu Jumal tunnistas Taaveti kohta, sai temast Iisraeli kuningas. Lisaks, pärast seda, kui Taavetist sai kuningas, võis ta väga tugeva riigi rajada. Kõige olulisem põhjus on see, et Jumalal oli Taaveti õiglase ja puhta südame üle väga hea meel.

Samamoodi peame me olema harmoonilised ja täiuslikud headuses, õigsuses ja tões, et me saaksime kanda rikkalikku valgusevilja – neljanda aluskivi, smaragdi, vilja ja et meist lähtuks õigluse lõhn, millest Jumalal on hea meel.

5. Sardoonüks: Vaimne ustavus

Sardoonüks, Uue Jeruusalemma müüride viies aluskivi, sümboliseerib vaimselt ustavust. Kui me teeme lihtsalt seda, mida meilt oodatakse, ei saa meid ustavaks pidada. Me võime öelda, et me oleme ustavad, kui me teeme rohkem kui meilt eeldatakse. Selleks, et me teeksime saadud ülesandest enam, ei või me laisad olla. Me peame kõiges oma ülesandeid täites usin ja töökas olema ja siis me peame sellest ülesandest rohkem tegema.

Oletame, et te olete töötaja. Aga kui te oma tööd hästi teete, kas teid saab ustavaks pidada? Te tegite lihtsalt seda, mida teilt eeldati, seega teid ei saa töökaks ja ustavaks pidada. Te ei tohiks teostada vaid teile teha usaldatud tööd, aga peaksite ka kogu südamest ja meelest tegema asju, mida teile esialgselt teha ei antud. Alles siis saab teid ustavaks pidada.

Jumala tunnustatud töökas ustavus tähendab, et te täidate oma ülesannet kogu südamest, meelest, hingest ja eluga. Ja niisugune ustavus peab olema tegelik igas valdkonnas: koguduses, tööl ja perekonnas. Siis võib teid pidada ustavaks kogu Jumala koja üle.

Vaimselt ustav olek

Vaimseks ustavuseks peab meil esiteks olema õiglane süda. Me peaksime soovima jumalariigi suurenemist, et koguduses oleks äratus ja kasv, et töökoht oleks edukas ja meie perekond oleks õnnelik. Kui me ei taotle vaid omakasu, vaid soovime ka teiste ja kogukonna head käekäiku, on meil õiglane süda.

Õiglase südamega ustavuseks on meil vaja ohvrimeelset südant. Kui me arvame lihtsalt: „Kõige olulisem on minu edu ja mitte see, kas kogudus kasvab või mitte," ei ohverda me tõenäoliselt koguduse heaks midagi. Sellisest inimesest ei leia ustavust. Ka Jumal ei saa öelda, et niisugune süda oleks õiglane.

Kui meil on niisugusele õiglusele lisaks ka ohvrimeelne süda, teeme me hingede päästmiseks ja koguduse heaks ustavalt tööd. Isegi kui meil ei ole mingit teatud ülesannet, kuulutame me usinalt evangeeliumi. Isegi kui keegi ei palu meil seda teha, kanname me teiste hingede eest hoolt. Me kulutame ka oma raha teiste hingede heaks ja suuname neile kogu armastuse ja ustavuse.

Selleks, et igakülgselt ustav olla, peab meilgi olema hea süda. Heasüdamlikud inimesed ei kaldu lihtsalt ühele ega teisele poole. Kui me oleme teatud külje tähelepanuta jätnud, ei tunne me selle suhtes end mugavalt enne, kui meil on hea süda.

Kui te südames on headus, olete te igas olemasolevas ülesandes ustavad. Te ei jätaks tähelepanuta teist rühma, mõteldes: „Kuna ma olen selle rühma juht, saavad teise rühma liikmed aru, mis ma sellel koosolekul osaleda ei saa." Te võite eneses oleva headusega tunda, et te ei tohiks ka teist rühma jätta. Seega, isegi kui te ei saa koosolekul osaleda, teete te midagi ka teise rühma jaoks ja hoolite neist.

Niisuguse suhtumise suurus erineb vastavalt teis oleva headuse suurusele. Kui teis on vähe headust, ei hooli te isegi tegelikult väga palju teisest rühmast. Aga kui teil on rohkem headust, ei ignoreeri te lihtsalt, kui miski teile südames ebamugavust valmistab. Te teate, missugused on heateod ja kui te ei saavuta seda headust, on teil seda raske taluda. Teil on rahu üksnes siis, kui te teete head.

Heasüdamlikud inimesed tunnevad oma südames peagi ebamugavust, kui nad ei tee igasugustes antud oludes – tööl või kodus seda, mida nad tegema peaksid. Nad ei vabanda end isegi välja sellega, et olukord ei lasknud neil seda teha.

Oletame näiteks, et ühel koguduse naisliikmel on koguduses palju ameteid. Ta veedab seal palju aega. Suhteliselt öeldes, siis ta veedab oma abikaasa ja lastega varasemast vähem aega.

Kui ta on tõesti heasüdamlik ja kõige poolest ustav, peaks ta abikaasat ja lapsi veelgi enam armastama ja neist veelgi enam hoolima, sest ta veedab nendega vähem aega. Ta peab kõiges ja igasuguses töös parimat andma.

Siis võivad teda ümbritsevad inimesed tunda ta südame tõest head lõhna ja olla rahul. Kuna nad tunnevad headust ja tõest armastust, püüavad nad teda mõista ja aidata. Selle tulemusel on ta igaühega rahujalal. Niimoodi ollakse Jumala kojas heasüdamlikult ustav.

Nii nagu Mooses, kes oli kogu Jumala koja üle ustav

Mooses oli prohvet, keda Jumal tunnistas niisugusel määral, et Ta kõneles temaga palgest palgesse. Mooses täitis Jumala käsitud asjade tegemiseks täielikult kõiki oma ülesandeid ja ei mõtelnud palju oma raskustele. Iisraeli rahvas kurtis ja oli Jumalale pidevalt sõnakuulmatu, kui neil esinesid vähimadki raskused, isegi kui nad olid oma silmaga näinud ja kogenud Jumala imesid ja tunnustähti, aga Mooses juhatas neid jätkuvalt usu ja armastusega. Isegi kui Jumal vihastus patu tõttu Iisraeli rahva peale, ei pöördunud Mooses neist ära. Ta naasis Isanda juurde ja ütles järgmist:

> *Ja Mooses läks jälle Isanda juurde ning ütles: „Oh häda! See rahvas on teinud suurt pattu ja on enesele valmistanud kuldjumalad. Kui Sa nüüd siiski annaksid andeks nende patu! Aga kui mitte, siis kustuta mind oma raamatust, mille oled kirjutanud!"* (2. Moosese 32:31-32)

Ta päästis inimeste eest, ohustades oma elu ja oli ustavam kui Jumal temalt eeldas. Sellepärast tunnustas Jumal Moosest ja kinnitas teda sõnadega: *„Tema on ustav kogu mu kojas"* (4. Moosese 12:7).

Lisaks, sardoonüksi sümboliseeritud ustavus tähendab isegi surmani ustavust, nii nagu kirjutatakse Johannese ilmutuses 2:10. See on võimalik ainult siis, kui me armastame Jumalat kõigepealt. See tähendab, et me anname Talle oma aja ja raha ning isegi elu ja teeme kogu südamest ja meelest enam, kui meilt eeldatakse.

Vanasti olid kuninglikud teenijad, kes aitasid kuningat ja olid rahvale ustavad, tehes seda isegi oma elu ohvriks toomise hinnaga. Kui kuningas oli türann, andsid tõesti lojaalsed teenijad kuningale nõu õiget teed mööda minna, isegi kui see oleks nende elu ohvriks toomise hinnaga lihtsalt lõppeda võinud. Neid oleks võidud maapakku saata või isegi tappa, aga nad olid lojaalsed, sest nad armastasid kuningat ja rahvast isegi siis, kui see armastus oleks neilt elu võtta võinud.

Me peame Jumalat esiteks armastama ja tegema enam, kui meilt palutakse, samamoodi nagu kuninglikud teenrid andsid rahva eest oma elu ja nii nagu Mooses oli ustav kogu Jumala koja üle, et jumalariiki ja selle õigsust teoks teha. Seega, me peame end kiiresti ohvriks tooma ja olema kõige poolest ustavad, et me vastaksime Uude Jeruusalemma mineku tingimustele.

6. Karneool: Kirglik armastus

Karneoolil on läbipaistev tumepunane värv ja see sümboliseerib lõõmavat päikest. See on Uue Jeruusalemma müüride kuues aluskivi ja tähistab sümboolselt kirge, entusiasmi ja kirglikku armastust jumalariigi ja selle õigsuse teoks tegemisel. See on süda, mis teostab ustavalt iga saadud ülesande ja täidab kohused kogu jõust.

Erinevad kirgliku armastuse tasemed

On olemas palju armastuse tasemeid ja üldiselt võib seda jagada vaimseks ja lihalikuks armastuseks. Vaimne armastus ei muutu kunagi, sest see on Jumalalt saadud, aga lihalik armastus muutub lihtsalt, sest see on isekas.

Hoolimata sellest, kuivõrd tõeline võib maailmalike inimeste armastus olla, ei saa see kunagi olla vaimne armastus, mis on

Isanda armastus ja mida saab ainult tõe sees olles omandada. Me ei saa vaimset armastust kohe, kui me Isanda vastu võtame ja tõetundmisele tuleme. Me saame selle ainult pärast Isanda südame saavutamist.

Kas teil on see vaimne armastus? Te võite end uurida 1. Korintlastele 13:4-7 leiduva vaimse armastuse määratluse valgel.

Armastus on pika meelega, armastus hellitab, ta ei ole kade, armastus ei kelgi ega hoople, ta ei käitu näotult, ta ei otsi omakasu, ta ei ärritu. Ta ei jäta meelde paha, tal ei ole rõõmu ülekohtust, aga ta rõõmustab tõe üle.

Kui me näiteks oleme kannatlikud, ent isekad või ei vihastu kergesti, aga oleme viisakusetud, ei ole meil veel vaimset armastust, millest Paulus kirjutab – vaimse armastuse saamisel ei või meil ainsatki ülaltoodud asjast puudus olla.

Teisalt, kui teis on ikka veel üksildustunnet või tühjust, isegi kui te arvate, et teil on vaimne armastus, on see nii, kuna te tahtsite saada midagi vastutasuks, ilma sellest isegi aru saamata. Teie süda ei ole veel täiesti vaimse armastuse tõega täitunud.

Teisest küljest, kui te olete täis vaimset armastust, ei tunne te end kunagi üksinda ega tühjalt, vaid olete alati rõõmus, õnnelik ja tänulik. Vaimne armastus tunneb andmisest rõõmu: mida rohkem te annate, seda rõõmsam, tänulikum ja õnnelikum te olete.

Vaimne armastus tunneb andmisest rõõmu

Roomlastele 5:8 öeldakse: *„Ent Jumal teeb nähtavaks oma armastuse meie vastu sellega, et Kristus suri meie eest, kui me olime alles patused."*

Jumal armastab oma ühtainsat Poega Jeesust nii palju, sest Jeesus on Jumalale täpselt sarnanev tõde iseenesest. Ometi andis Ta ikkagi oma üheainsa Poja lepitusohvriks. Jumala armastus on väga suur ja kallis!

Jumal näitas oma armastust meie vastu oma ainsat Poega ohvriks tuues. Sellepärast on 1. Johannese 4:16 kirjas: *„Ja me oleme tunnetanud ja uskunud armastust, mis Jumalal on meie vastu. Jumal on armastus ja kes püsib armastuses, püsib Jumalas ja Jumal püsib temas."*

Uude Jeruusalemma minekuks peab meil olema Jumala armastus, millega me suudame end ohvriks tuua ja mis tunneb rõõmu andmisest, et me saaksime esitada tõendeid, mis tunnistavad meie elust Jumalas.

Apostel Pauluse kirglik armastus hingede vastu

Apostel Paulus on väga piibellik isik, kellel on selline karneoolitaoline kirglik süda, mis pani teda jumalariigile pühenduma. Ta Isanda armastuse teod ei muutunud kunagi Isandaga kohtumisest kuni tema surmahetkeni. Paganate apostlina tõi ta palju hingi pääsemisele ja rajas kolme misjonireisi ajal palju kogudusi. Ta tunnistas oma märtrisurmani Roomas pidevalt Jeesusest Kristusest.

Paganate apostlina oli Pauluse teekond väga raske ja ohtlik.

Ta oli paljudes eluohtlikes olukordades ja juudid kiusasid teda pidevalt taga. Teda peksti ja pandi vangi ja ta oli kolm korda laevahukus. Ta oli magamata, sageli näljas ja janus ning talus külma ja kuuma ilma. Misjonireiside ajal oli alati palju olukordi, mida inimesel oli raske taluda.

Sellegipoolest, Paulus ei kahetsenud kunagi oma valikut. Ta ei mõtelnud kunagi hetkeks: „See on raske ja ma tahan veidi puhata..." Ta süda oli alati vankumatu ja ta ei kartnud kunagi mitte midagi. Kuigi tal esines nii palju probleeme, tundis ta peamiselt vaid muret koguduse ja usklike eest.

See on täpselt nii nagu ta tunnistas 2. Korintlastele 11:28-29: *„Peale kõige muu päevast päeva rahva kokkuvool minu juurde, mure kõigi koguduste pärast. Kes on nõder, ja mina ei oleks nõder? Keda kiusatakse, ja mina ei süttiks?"*

Paulus demonstreeris hingi pääsemisele tuua püüdes kirge ja indu. Me võime näha, kui kirglikult ta soovis hingi pääsemisele tuua Roomlastele 9:3, kus on kirjas: *„Sest ma sooviksin pigem ise olla neetud ja Kristusest lahutatud oma vendade heaks, kes on mu veresugulased."*

Siin ei tähista „minu vennad" mitte üksnes veresugulasi. See tähistas kõiki iisraellasi, kaasa arvatud juute, kes teda taga kiusasid. Ta ütles, et ta oli valmis pigem ise põrgusse minema, kui sellest piisaks, et neid pääsemisele tuua. Me võime näha, kui suur oli ta kirglik armastus hingede vastu ja kui suure innuga ta nende pääsemist soovis.

See kirglik armastus Isanda vastu, ind ja püüd hingi pääsemisele tuua, on esindatud karneooli punases värvis.

7. Krüsoliit: Halastus

Krüsoliit, Uue Jeruusalemma müüride seitsmes aluskivi, on läbipaistev või pooleldi läbipaistev kivi, millest lähtub kollast, rohelist, sinist ja roosat värvi või mis näib vahel täiesti läbipaistev olevat.

Mida krüsoliit vaimselt sümboliseerib? Halastus tähendab vaimselt tõest arusaama kellestki, kellest ei saada üldsegi aru ja tõest andestust inimesele, kellele ei saaks üldsegi andestada. „Tõene" arusaam ja andestus tähendavad headuse ja armastusega mõistmist ja andestamist. Halastus, millega me suudame teisi armastusega aktsepteerida, on halastus, mida sümboliseerib krüsoliit.

Niisuguse halastusega inimestel ei ole eelarvamusi. Nad ei mõtle: „Ta ei meeldi mulle sellepärast. Ta ei meeldi mulle tollepärast." Nad ei pea kedagi ebameeldivaks ega vihka kedagi. Muidugi, neis puudub vaenulikkus.

Nad lihtsalt püüavad kõike ilusalt näha ja niimoodi mõtelda. Nad aktsepteerivad lihtsalt igaühte. Seega, isegi kui nad seisavad tõsist pattu teinud inimesega silmitsi, nähtub neist ainult kaastunne. Nad vihkavad pattu, ent mitte patust. Nad pigem mõistavad teda ja aktsepteerivad teda. See on halastus.

Jeesuse ja Stefanose kaudu ilmnenud halastav süda

Jeesus osutas halastust Juudas Iskariotile, kes Ta maha müüs. Jeesus teadis algusest peale, et Juudas Iskariot ta reedab. Sellest hoolimata, Jeesus ei jätnud teda välja ega hoidnud temast eemale. Ta ei tundnud oma südames ka tema vastu ebameeldivustunnet ega vihanud teda. Jeesus armastas teda lõpuni ja andis Juudasele pöördumisvõimalusi. See on halastav süda.

Isegi kui Jeesus löödi risti, ei kurtnud Ta kellegi üle ega vihanud kedagi. Selle asemel tegi Ta eestpalvet nende eest, kes Talle haiget ja viga tegid, nii nagu kirjutatakse Luuka 23:34, kus on kirjas: *„Isa, anna neile andeks, sest nad ei tea, mida nad teevad!"*

Stefanosel oli samuti niisugune halastus. Kuigi Stefanos ei olnud apostel, oli ta täis armu ja väge. Kurjad inimesed kadestasid teda ja lõpuks nad viskasid ta kividega surnuks. Aga isegi siis, kui teda kividega visati, palvetas ta pigem oma tapjate eest. Apostlite tegudes 7:60 on kirjas: „Ja ta laskus põlvili ning hüüdis suure häälega: „Isand, ära pane seda neile patuks!" Ja kui ta seda oli öelnud, uinus ta."

Tõsiasi, et Stefanos palvetas oma tapjate eest, tõendab, et ta oli neile juba andeks andnud. Ta ei vihanud neid mingitmoodi. See näitab meile, et tal oli täiuslik halastuse vili ja ta tundis neile inimestele kaasa.

Kui leidub kedagi, keda te vihkate või kes teile pereliikmete või usukaaslaste või kolleegide seas ei meeldi või kui on kedagi, kelle kohta te mõtlete: „Mulle ei meeldi ta suhtumine. Ta on alati minu vastu ja ta ei meeldi mulle" või kui inimene on teile lihtsalt ebameeldiv ja te hoidute temast mingitel põhjustel eemale, kui kaugele see „halastusest" jääb?

Ei tohiks olla kedagi, kes meile ebameeldiv on või keda me vihkame. Me peaksime suutma mõista, aktsepteerida ja demonstreerida headust kõigi vastu. Isa Jumal näitab meile krüsoliidi kalliskiviga halastuse ilu.

Halastav süda, mis aktsepteerib kõike

Kuidas siis armastus ja halastus erinevad? Vaimne armastus tähendab eneseohverdust, omi huve või omakasu taotlemata ja mingit vastutasu tahtmata, aga halastuse puhul on suurem kaal andestusel ja sallivusel. Teiste sõnadega, halastus on süda, mis mõistab ja ei vihka isegi neid, keda ei ole võimalik mõista ega armastada. Halastus ei vihka ega põlga kedagi, vaid tugevdab ja trööstib teisi. Kui teil on niisugune armastav süda, ei osuta te teiste puudustele ja vigadele, vaid aktsepteerite neid selle asemel, et teil oleksid nendega head suhted.

Aga kuidas me peaksime siis kurjade inimeste suhtes käituma? Me peame meeles pidama, et kunagi olime me kõik kurjad, aga me tulime Jumala juurde, sest keegi teine oli meid juhatanud tõe sisse armastuse ja andestusega.

Samuti, kui me puutume kokku valetajatega, unustame me sageli, et meiegi tavatsesime enne Jumalasse uskuma hakkamist omakasu saamiseks valet rääkida. Niisuguste inimeste vältimise asemel peaksime me neile halastust osutama, et nad võiksid oma kurjadelt teedelt pöörduda. Üksnes siis kui me saame aru ja juhatame neid sallivuse ja armastusega, kuni nad hakkavad tõde mõistma, võivad nad muutuda ja tõe sisse tulla. Samamoodi, halastus tähendab, et igaühte koheldakse samamoodi, ilma eelarvamusteta ja kedagi solvamata ning püüdes kõigest headusega aru saada – hoolimata sellest, kas see meeldib teile või mitte.

8. Berüll: Kannatlikkus

Berüll, Uue Jeruusalema müüride kaheksas aluskivi, on sinist või tumerohelist värvi ja meenutab meile sinist merd. Mida berüll vaimselt sümboliseerib? See sümboliseerib kannatlikkust kõiges jumalariigi ja selle õigsuse saavutamisel. Berüll tähistab vastupidavat armastust, isegi nende suhtes, kes teid taga kiusavad, neavad ja vihkavad ning vastust, kus pole vihkamist, tülitsemist ega sõdimist.

Jakoobuse 5:10 õhutab meid järgmiselt: *„Vennad, võtke prohveteid, kes on rääkinud Isanda nimel, kurja kannatamise ja pika meele eeskujuks."* Me võime teisi muuta, kui me oleme nendega kannatlikud.

Kannatlikkus kui Püha Vaimu ja vaimse armastuse vili

Me võime Galaatlastele 5 lugeda, et kannatlikkus on üks üheksast Püha Vaimu viljast ja 1. Korintlastele 13. peatükist, et see on armastuse vili. Kas Püha Vaimu kannatlikkuse vilja ja armastuse vilja – kannatlikkuse – vahel on vahet?

Ühest küljest, armastav kannatlikkus tähistab kannatlikkust, mida on vaja igasuguse isikliku tüli talumiseks, näiteks kannatlikkuseks nendega, kes teid solvavad või paljude eluraskuste korral. Teisest küljest tähendab Püha Vaimu kannatlikkuse vili tõest kannatlikkust ja kannatlikkust Jumala ees kõiges.

Seega, kannatlikkusel, mis on Püha Vaimu vili, on laiem tähendus, kaasa arvatud kannatlikkus isiklikes asjus ja asjus, mis puudutavad jumalariiki ja selle õigsust.

Eriliiki kannatlikkus tões

Jumalariigi ja selle õigsuse teostamiseks vajalikku kannatlikkust saab liigitada kolmeks.

Esiteks, Jumala ja meie vaheline kannatlikkus. Me peame olema kannatlikud, kuni Jumala lubadus teostub. Isa Jumal on kannatlik – kui Ta on midagi öelnud, teeb Ta seda kindlasti ja ei võta oma Sõna tagasi. Seega, kui me oleme Jumalalt mingi lubaduse saanud, peame me selle täideminekuni kannatlik olema.

Samuti, kui me oleme Jumalalt midagi palunud, tuleb meil vastuse saamiseni kannatlik olla. Mõned usklikud räägivad järgmist: „Ma palvetan kogu öö otsa ja isegi paastun ja ikka pole vastust." See sarnaneb põllumehele, kes külvas seemne ja läks ja kaevas selle peagi maast üles, sest vili ei tekkinud otsekohe. Kui me oleme seemne külvanud, tuleb meil kannatlik olla, kuni seeme tärkab, kasvab, õitseb ja õilmitseb ja kannab siis vilja.

Põllumees tõmbab umbrohu välja ja kaitseb vilja kahjulike putukate eest. Ta teeb palehigis palju tööd, et head vilja saada. Samamoodi on meil palutud palvevastuse saamiseks vaja asju teha. Meil tuleb täita seitsme Vaimu mõõdu kohane õige mõõt – usk, rõõm, palve, tänu, usin ustavus, käsuseadustest kinnipidamine ja armastus.

Jumal vastab meile otsekohe ainult siis, kui me täidame nõutud koguse oma usumõõdule vastavalt. Me peame aru saama, et Jumalaga tähendab kannatlikkuse aeg veelgi täiuslikuma vastuse saamist ja veelgi enam rõõmustama ja tänulik olema.

Teiseks on olemas inimestevaheline kannatlikkus. Vaimse

armastuse kannatlikkus kuulub sellesse liiki. Inimese armastamiseks igasugustes inimsuhtes on vaja kannatlikkust.

Meil on vaja kannatlikkust, et uskuda igasugust inimest, teda taluda ja loota, et ta edeneb. Isegi kui ta teeb midagi, mis läheb risti vastupidi meie poolt oodatule, tuleb meil kõiges kannatlik olla. Me peame aru saama, aktsepteerima, andestama, alistuma ja kannatlikud olema.

Need, kes püüavad inimesele evangeeliumi kuulutada, on tõenäoliselt kogenud needmist ja tagakiusu. Aga kui nad on oma südames kannatlikud, külastavad nad neid hingi taas, naeratades. Nad rõõmustavad armastusest, et neid hingi pääsemisele tuua ja tänavad ja ei anna kunagi alla. Kui nad osutavad niisugust kannatlikkust ja on evangeeliumi kuulnud inimese vastu head ja armastavad, lahkub sellest inimesest valguse tõttu pimedus ja inimene suudab avada oma südame, evangeeliumi vastu võtta ja pääsemisele tulla.

Kolmandaks, südant muutev kannatlikkus.

Südame muutmine tähendab südamest ebatõe ja kurja välja juurimist ja selle asemele tõe ja headuse istutamist. Südamemuutus sarnaneb maa kultiveerimisega. Me peame eemaldama kivid ja umbrohu välja tõmbama. Vahel tuleb meil maapinda künda. Siis võib sellest hea põllumaa saada ja mida iganes me külvame sinna, kasvab ja kannab vilja.

Inimsüdametega on samamoodi. Me südames saab olla hea pinnas südamest leitud kurja määraga ja sellest vabanemisega võrdväärsel tasemel. Siis kui Jumala Sõna külvatakse, saab see tärgata, hästi kasvada ja vilja kanda. Ja nii nagu me peame maa kultiveerimiseks palehigis vaeva nägema, tuleb meil oma südame muutmiseks sama teha. Me peame palves innukalt kogu jõust ja südamepõhjast Jumalat appi hüüdma. Siis võime me saada Püha Vaimu väe, et künda lihalikku südant, mis on nagu viljatu maa.

See protsess ei ole nii lihtne nagu võiks arvata. Sellepärast tundub mõnedele inimestele see koormav, nad kaotavad julguse või sattuvad ahastusse. Seepärast on meil vaja kannatlik olla. Isegi kui näib, et me muutume väga aeglaselt, ei tohi me kunagi pettuda ega alla anda.

Me peaksime meeles pidama meie eest ristil surnud Isanda armastust, uut jõudu saama ja jätkama oma südamepinnase harimist. Samuti peaksime me vaatama Jumala armastust ja õnnistusi, mida Ta meile annab, kui me oleme oma südame täielikult kultiveerinud. Me peaksime ka jätkama tegutsemist suurema tänutundega.

Kui meis poleks kurjust, ei oleks mõiste „kannatlikkus" vajalik. Samamoodi, kui meil oleks ainult armastus, andestus ja arusaamine, ei oleks „kannatlikkuseks" ruumi. Seega, Jumal tahab, et meil oleks niisugune kannatlikkus, mille jaoks sõna „kannatlikkus" ei oleks enam vaja. Tegelikult ei vaja Jumal, kes on ise headus ja armastus, kannatlikkust. Aga Ta ütleb meile, et Ta on meiega „pikameelne", et aidata meil „kannatlikkuse" mõistest aru saada. Me peame aru saama, et mida enam omadusi meis on, mille tõttu me peame teatud oludes kannatlikud olema, seda rohkem on Jumala arvates meie südames kurja.

Kui meil pole mingit vajadust enam kannatlik olla pärast kannatlikkuse täiusliku vilja saavutamist, oleme me alati rõõmsad, kuuleme siit ja sealt ainult häid sõnumeid ja tunneme oma südames end väga vabalt, otsekui me käiksime pilvedel.

9. Topaas: Vaimne headus

Topaas, Uue Jeruusalemma müüride üheksas aluskivi, on läbipaistev, kokku sulanduvat punakasoranži värvi. Topaasi sümboliseeritud vaimne süda on vaimne headus. Headus on lahkus, abivalmidus ja ausus. Aga vaimsel headuse mõistel on sügavam tähendus.

Ka Püha Vaimu üheksa vilja seas on headus ja see on topaasi headusega samatähenduslik. Headus tähendab vaimselt Pühas Vaimus headuse taotlemist.

Igaühel on õige ja vale või hea ja kurja vahel otsustamise mõõdupuu. Seda kutsutakse „südametunnistuseks." Südametunnistuse mõiste erineb eri aja, maa ja rahva puhul.

Vaimse headuse suuruse mõõtmiseks on ainult üks mõõdupuu: Jumala Sõna, mis on tõde. Seega, kui me taotleme seda, mis on meie arvates hea, ei ole tegu vaimse headusega. Vaimne headus taotleb seda, mis on Jumala arvates hea.

Matteuse 12:35 öeldakse: *„Hea inimene võtab heast varamust head."* Samamoodi, vaimse headusega inimestest lähtub see headus loomupäraselt. Kuhu iganes nad ka ei läheks ja kellega iganes nad ka ei kohtuks, neist lähtuvad heateod ja head sõnad.

Täpselt nii nagu need, kes omale lõhnaõli peale piserdavad, lõhnavad hästi, lähtub headest inimestest headuse hea lõhn. Nimelt, neist lähtub Kristuse headuse hea lõhn. Seega, lihtsalt südames headuse otsimist ei saa headuseks kutsuda. Kui meil on süda, mis taotleb headust, lähtub meist loomupäraselt Kristuse hea lõhn heade sõnade ja tegudega. Niimoodi tuleks meil näidata meid ümbritsevatele inimestele moraalset vooruslikkust ja armastust. See on headus tõelises, vaimses mõttes.

Vaimse headuse mõõtmisstandard

Jumal on hea ja kogu Piiblis – Jumala Sõnas, sisaldub headus. Piiblis on ka salme, kus räägitakse spetsiaalselt veelgi enamatest topaasi värvidest – nimelt vaimse headuse värvidest.

Esiteks sisaldub see Filiplastele 2:1-4, kus kirjutatakse: *„Kui nüüd on mingisugune julgustus Kristuses, kui mingisugune armastuse lohutus, kui mingisugune Vaimu osadus, kui mingisugune südamlikkus ja kaastunne, siis tehke mu rõõm täielikuks sellega, et te mõtlete ühtmoodi, et teil on sama armastus, et olete üksmeelsed ja ühtviisi mõtlejad ega tee midagi kiusu ega auahnuse pärast, vaid peate alandlikkuses üksteist ülemaks kui iseennast, nii et ükski ei pea silmas mitte ainult oma, vaid ka teiste kasu."*

Isegi kui miski ei ole meie mõtlemise ja iseloomu kohaselt õige, kui me otsime Isandas olles headust, me oleme teistega ühenduses ja nõustume nende arvamustega. Me ei tülitse millegi üle. Me ei soovi uhkeldada ega seda, et teised meid ülendaks. Me peame üksnes alandliku südamega teisi endist kogu südamest paremaks. Me teeme oma tööd ustavalt ja väga vastutustundlikult. Me suudame isegi teisi nende töös aidata.

Me võime lihtsalt näha, millise inimese süda on hea, hea

samaarlase tähendamissõnast Luuka 10:25-37:

> *Jeesus ütles kõnelust jätkates: „Üks inimene läks Jeruusalemmast alla Jeeriko poole ja sattus teeröövlite kätte. Kui need olid ta riided röövinud ja talle hoope andnud, läksid nad ära, jättes ta poolsurnuna maha. Juhtumisi tuli keegi preester sedasama teed, ja kui ta teda nägi, läks ta kaarega mööda. Nõndasamuti ka leviit, kui ta sattus sinna paika ja teda nägi, läks ringiga mööda. Aga sama teed tuli üks samaarlane. Kui ta jõudis temani ja teda nägi, hakkas tal hale ja ta astus ligi, sidus mehe haavad, valas nende peale õli ja veini, tõstis ta oma muula selga, viis öömajale ning kandis hoolt tema eest. Ja järgmisel hommikul võttis ta välja kaks teenarit, andis need peremehele ja ütles: „Kanna tema eest hoolt, ja kui sa midagi veel lisaks peaksid kulutama, selle maksan mina sulle tagasi tulles."* Kes neist kolmest oli sinu arvates ligimene inimesele, kes oli sattunud teeröövlite kätte?"* (Luuka 10:30-36)

Kes on siis preestri, leviidi ja samaarlase seast tõeline ligimene ja armastav inimene? Samaarlane võis olla röövitud mehe tõeline ligimene, sest ta süda oli hea ja ta valis õige tee, isegi kui teda peeti paganaks.

Sel samaarlasel ei olnud võib-olla väga häid teadmisi Jumala Sõnast. Aga võib näha, et tal oli süda, mis järgis headust. See tähendab, et temas oli vaimne headus, mis järgis seda, mis oli Jumala arvates hea. Isegi kui me peame oma aega ja raha kulutama, tuleb meil valida selle kasuks, mis on Jumala arvates hea. See on vaimne headus.

Jeesuse headus

Matteuse 12:19-20 on teine piiblisalm, kust lähtub veelgi eredamat headuse valgust. See puudutab Jeesuse headust. Seal kirjutatakse:

> *Ta ei riidle ega kisenda ega kuule tänavail keegi Ta häält, rudjutud roogu ei murra Ta katki ja hõõguvat tahti ei kustuta Ta ära, kuni Ta on õigusele võidu saatnud.*

Fraas „kuni Ta on õigusele võidu saatnud" rõhutab, et Jeesus tegutses kogu ristilöömise ja ülestõusmise protsessi ajal üksnes heasüdamlikult, andes meile oma päästearmuga võidu.

Kuna Jeesusel oli vaimne headus, ei solvanud Ta kunagi kedagi ega tülitsenud. Ta aktsepteeris kõike vaimse headuse tarkusega ja tõesõnadega, isegi kui Ta sattus karmidesse ja pealtnäha vastuvõtmatutesse olukordadesse. Lisaks, Jeesus ei läinud kunagi nende vastu, kes Teda tappa üritasid ega püüdnud oma süütust selgitada ja tõendada. Ta jättis kõik Jumala kätesse ja teostas kõik oma tarkuse ja tõega vaimses headuses.

Vaimne headus on süda, mis „ei murra katki rudjutud roogu ega kustuta ära hõõguvat tahti." See määratlus puudutab headust tähistavaid põhipunkte.

Head inimesed ei karju ega tülitse kellegagi. Samuti, nende

headus paistab ka nende väljanägemisest silma. Kirjutatu kohaselt „ega kuule tänavail keegi Ta häält", heade inimeste väljanägemisest laseb mõista headust ja alandlikkust. Jeesusel pidid olema käies, žestikuleerides ja keelekasutuses väga laitmatud ja täiuslikud kombed! Õpetussõnades 22:11 öeldakse: *„Kes armastab südamepuhtust ja kelle huuled on armsad, selle sõber on kuningas."*

Esiteks, „rudjutud pilliroog" tähistab neid, kes on maailmas palju asju kannatanud ja kelle süda on haiget saanud. Isegi kui nad otsivad Jumalat vajaduses oleva südamega, ei hülga Jumal neid, vaid võtab nad vastu. Niisugune Jumala süda ja selline Jeesuse süda on headuse ülimas tipus.

Järgmiseks, sama kehtib südame kohta, mis ei kustuta hõõguvat tahti. Kui taht hõõgub, tähendab see, et tuli on kustumas, aga säde on ikka veel alles jäänud. Selles mõttes on „hõõguv taht" inimene, kes on nii määrdunud kurjast, et ta vaimuvalgus „hõõgub." Me ei tohi isegi niisuguse inimese puhul alla anda, kui esineb vähimgi võimalus, et ta võib pääsemise vastu võtta. Selline on headus.

Meie Isand ei anna alla isegi niisuguste inimeste suhtes, kes elavad patus ja seisavad Jumalale vastu. Ta koputab ikkagi nende südameuksele, et lasta neil pääsemisele tulla. Selline Isanda süda on headus.

On inimesi, kes on usus nagu rudjutud pilliroog ja hõõguv taht. Kui nad nõrga usu tõttu kiusatusse sattuvad, ei ole mõnel inimesel iseenesest jõudu, et kogudusse naasta. Võib-olla nad tegid teistele kogudusekaaslastele kahju mingisuguste lihalike asjade tõttu, millest nad ei ole veel vabaks saanud. Kuna neil on nii kahju ja nad tunnevad seepärast piinlikkust, ei tunne nad, et nad võiksid kogudusse naasta.

Seega, me peame nende juurde esimesena minema. Me peame nende poole käed sirutama ja nende käest kinni hoidma. See on headus. Samuti, on inimesi, kes olid usus esimesed, aga hiljem on nad vaimus maha jäänud. Mõned nende seast saavad „hõõguva tahi" sarnaseks.

Mõned neist tahavad, et neid armastataks ja et teised neid tunnustaks, aga seda ei sünni. Seega nende süda valutab ja kurjus tuleb nende seest esile. Nad võivad tunda kadedust nende vastu, kes vaimus ees liiguvad ja nad võivad neid isegi laimata. See tähendab, et nad on nagu hõõguv taht, kust tuleb suitsu ja tossu.

Kui meis on tõeline headus, suudame me neist inimestest aru saada ja neid aktsepteerida. Kui me püüame arutada seda, mis on õige ja mis on väär ja teised inimesed alistuma panna, ei ole tegu headusega. Me peame neid tõe ja armastusega kohtlema ja tegema seda isegi nendega, kes paistavad kurjad. Me peame nende südame sulatama ja neid puudutama. Seda tehes me teeme head.

10. Krüsopraas: Enesevalitsus

Krüsopraas, Uue Jeruusalemma müüride kümnes aluskivi, on kaltsedoonkivide seast kõige kallim. See on pooleldi läbipaistva tumerohelise värviga ja üks kalliskividest, mida korea naised pidasid vanasti väga väärtuslikuks. See sümboliseeris neile naiste vooruslikkust ja puhtust.

Mida krüsopraas vaimselt sümboliseerib? See tähistab

enesevalitsust. On hea, kui meil on Jumalas kõike rikkalikult, aga selleks, et kõik oleks ilus, on vaja enesevalitsust. Enesevalitsus on ka üks üheksast Püha Vaimu viljast.

Enesevalitsus täiusele jõudmiseks

Tiitus 1:7-9 räägitakse koguduse ülevaataja tingimustest ja enesevalitsus on üks nende tingimuste seast. Kui enesevalitsuseta inimene saab koguduse ülevaatajaks, mida ta oma enesevalitsuseta elus saavutada suudaks?

Mida iganes me Isanda jaoks ja Isandas teeme, me peaksime eristama tõde ebatõest ja järgima enesevalitsuse abil Püha Vaimu tahet. Kui me suudame Püha Vaimu häält kuulata, on meil kõiges hea käekäik, sest meil on enesevalitsus. Aga kui meil pole enesevalitsust, võivad asjad valesti minna ja meil võivad esineda isegi õnnetused, mis on kas loomulikud või inimestest tingitud, haigused ja sarnast.

Samamoodi, enesevalitsuse vili on väga tähtis ja see on täiusele jõudmise jaoks vajalik. Me võime kanda rõõmu, rahu, kannatlikkuse, lahkuse, headuse, ustavuse ja tasaduse vilja sama palju kui me kanname armastuse vilja ja see vili on enesevalitsusega täiuslik.

Enesevalitsust saab võrrelda pärakuga inimihus. Kuigi see on väike, etendab see ihus väga tähtsat osa. Mis saab, kui see kaotab kokkutõmbevõime? Väljaheiteid ei kontrollita ja me oleme igati räpased ja ebasündsad.

Samamoodi, kui me kaotame enesevalitsuse, võib kõik problemaatiliseks muutuda. Inimesed elavad vääralt, sest nad ei suuda end vaimselt vaos hoida. Sellepärast sattuvad nad katsumustesse ja Jumal ei saa neid armastada. Kui me ei suuda end füüsiliselt vaos hoida, teeme me ebaõigeid ja seadusetuid asju, sest me sööme ja joome nii palju kui me tahame ja teeme oma elu korratuks.

Ristija Johannes

Ristija Johannes on piibellike isikute seas hea näide enesevalitsuse kohta.

Ristija Johannes teadis selgelt, miks ta maa peale tuli. Ta teadis, et ta pidi valmistama tee Jeesusele, kes oli tõeline Valgus. Seega ta elas selle ülesande täitmiseni maailmast täiesti eraldatult. Ta relvastus kõrbes olles vaid palve ja Sõnaga. Ta sõi vaid rohutirtse ja metsmett. See oli väga eraldatud ja rangelt vaoshoitud elu. Niisugune elu valmistas ta ette Isandale tee tegemiseks ja ta tegi selle täielikult teoks.

Matteuse 11:11 ütles Jeesus tema kohta: *„Tõesti, ma ütlen teile, naisest sündinute seast ei ole tõusnud suuremat Ristija Johannesest, aga väikseim taevariigis on suurem temast!"*

Kui keegi mõtleb: „Oh, ma siis lähen nüüd kaugele mägedesse või mingisse eraldatud kohta ja elan enesevalitsusega!", tõendab see, et tal puudub enesevalitsus ja ta tõlgendab Jumala Sõna omamoodi ja mõtleb üleliigselt.

Tähtis on oma südant Pühas Vaimus valitseda. Kui te ei ole veel vaimsele tasemele jõudnud, tuleb teil oma lihalikke himusid valitseda ja üksnes Püha Vaimu soove järgida. Samuti, isegi pärast vaimseks saamist tuleb teil valitseda iga vaimse südame osa tugevust või suurust, et tervikuna täielikus harmoonias olla.

Krüsopraasi valgus demonstreerib taolist enesevalitsust.

11. Hüatsint: Puhtus ja pühadus

Hüatsint, Uue Jeruusalemma müüride üheteistkümnes aluskivi, on läbipaistev, sinaka värvusega kalliskivi ja sümboliseerib vaimselt puhtust ja pühadust.

„Puhtus" tähistab siin patuta olekut ja plekita ning laiguta puhtust. Kui inimene käib duši all või kümbleb paar korda päevas, kammib juuksed ja riietub korralikult, ütlevad inimesed, et ta on puhas ja korralik. Aga kas Jumal peab teda samuti puhtaks? Kes siis on puhta südamega inimene ja kuidas puhast südant saada?

Jumala arvates puhas süda

Variserid ja kirjatundjad pesid vanemate pärimust järgides enne sööki käsi. Ja kui Jeesuse jüngrid ei teinud niimoodi, küsisid nad Jeesuselt selle kohta, et Teda süüdistada. Matteuse 15:2 öeldakse: *„Miks sinu jüngrid astuvad üle esivanemate pärimusest? Nad ei pese oma käsi, kui hakkavad leiba võtma."*

Jeesus õpetas neile, milline oli tegelikult puhtus. Ta ütles Matteuse 15:19-20: *„Sest südamest lähtub kurje mõtteid, mõrvamist, abielurikkumist, hooramist, vargust, valetunnistust, pühaduseteotust. Need on, mis inimest rüvetavad, aga pesemata kätega söömine ei rüveta inimest."*

Jumala arvates seisneb puhtus patuta südames. Puhtus seisneb selles, kui meil on süda, mis on puhas ja süütu, pleki ja laiguta.

Me võime oma käsi ja ihu veega pesta, aga kuidas südant puhtaks teha?

Me võime ka seda veega pesta. Me võime seda puhastada vaimse vee ehk Jumala Sõnaga pestes. Heebrealastele 10:22 öeldakse: *„Siis mingem Jumala ette siira südamega usukülluses, olies südame poolest piserdamisega puhastatud kurjast südametunnistusest ja ihu poolest pestud puhta veega!"* Meil võib olla puhas ja tõene süda võrdväärselt sellega, kui palju me Jumala Sõna järgi tegutseme.

Kui me kuuletume sellele, millest iganes meid Piiblis vabaneda käsitakse ja mida meil teha keelatakse, pestakse meie südamest väärus ja kurjus ära. Ja kui me kuuletume sellele, mida iganes Piiblis meil teha ja pidada käsitakse, võime me vältida patust ja maailma kurjusest taas määrdumist, olles pidevalt puhta veega varustatud. Niimoodi saame me oma südant puhtana hoida.

Matteuse 5:8 öeldakse: *„Õndsad on puhtad südamelt, sest nemad näevad Jumalat."* Jumal on rääkinud meile, millise õnnistuse saavad puhta südamega inimesed. Nad näevad Jumalat. Puhta südamega inimesed näevad Jumalat taevariigis palgest palgesse. Nad võivad minna vähemalt kolmandale taevariigi tasemele või pääseda isegi Uude Jeruusalemma.

Kuid „Jumala nägemise" tegelik tähendus ei seisne vaid Jumala nägemises. See tähendab, et me kohtume alati Jumalaga ja saame Tema käest abi. See tähendab, et me elame elu, kus me käime Jumalaga isegi siin maa peal olles.

Eenok, kes sai omale puhta südame

1. Moosese raamatu viiendas peatükis antakse meile piltlik ülevaade Eenokist, kes kasvatas omale puhta südame ja käis Jumalaga maa peal. 1. Moosese 5:21-24 öeldakse, et Eenok käis Jumalaga kolmsada aastat, alates ajast, mil temast sai 65. aasta vanuselt Metuusala isa. Siis, nii nagu kirjutatakse 24. salmis: *„Eenok kõndis koos Jumalaga, ja siis ei olnud teda enam, sest Jumal võttis tema ära"*, võeti ta elusalt taevasse.

Heebrealastele 11:5 räägitakse, miks teda sai surma nägemata taevasse võtta. Seal öeldakse: *„Usus võeti ära Eenok, et ta ei näeks surma, ja teda ei leitud enam, sest Jumal oli ta ära võtnud. Aga juba enne, kui ta ära võeti, oli ta saanud tunnistuse, et ta on olnud Jumalale meelepärane."*

Eenok oli Jumalale niivõrd meelepärane, et ta ei näinud surma, sest ta oli kasvatanud omale niisuguse puhta patuta südame. Ja lõpuks võttis Jumal ta elusalt ära taevasse. Ta oli sel ajal 365-aastane, aga tollal elasid inimesed üle 900 aasta. Tänapäevases mõttes võttis Jumal Eenoki ära ta kõige energilisema nooruspõlve ajal.

See sündis, kuna Eenok oli Jumala arvates väga armas. Jumal tahtis Eenokit maa peal hoidmise asemel taevariiki, oma lähedale. Me võime siit selgelt näha, kuivõrd Jumal armastab puhta südamega inimesi ja tunneb neist rõõmu.

Aga isegi Eenok ei jõudnud üleöö pühitsusele. Temagi läbis igasuguseid katsumusi, kuni ta sai 65-aastaseks. Me näeme 1. Moosese raamatus 5:19, et Eenoki isa Jaared sünnitas lapsi 800 aastat pärast Eenoki sündi, seega me saame aru, et Eenokil oli palju õdesid-vendi.

Jumal lasi mul sügavas palves oleku ajal teada saada, et Eenokil ei olnud õdede-vendadega mingeid probleeme. Ta ei tahtnud kunagi omada enam kui ta vendadel oli, ta tegi nende jaoks alati möönduSi. Ta ei tahtnud kunagi, et teda tunnustataks enam kui ta õdesid-vendi ja ta andis endast üksnes parimat. Isegi kui teisi vendi armastati temast enam, ei tekitanud see temas ebamugavustunnet, mis tähendab, et temas polnud armukadedust.

Samuti, Eenok oli alati kuulekas inimene. Ta ei kuulanud ainult Jumala Sõna, vaid ka vanemate sõna. Ta ei rõhutanud kunagi oma arvamust. Tal polnud enesekeskseid soove ja ta ei võtnud midagi isiklikult. Ta elas kõigiga rahus.

Eenok kasvatas omale puhta südame, mille abil ta võis Jumalat näha. Kui Eenok sai 65-aastaseks, jõudis ta Jumalale meelepärasele tasemele ja võis siis Jumalaga käia.

Kuid oli veelgi tähtsam põhjus, miks ta sai Jumalaga käia. See oli võimalik, sest ta armastas Jumalat ja talle meeldis väga Jumalaga suhelda. Muidugi ta ei vaadanud selle maailma asjadele ja ta armastas Jumalat enam kui midagi muud selles maailmas.

Eenok armastas oma vanemaid ja kuuletus neile ja ta oli kõigi õdede-vendadega rahujalal ja armastas neid, aga ta armastas Jumalat veelgi rohkem. Talle meeldis omaette olla ja Jumalat kiita rohkem kui oma pereliikmete seltsis olla. Ta igatses Jumala järele taevast ja loodust nähes ja talle meeldis Jumalaga osaduses olla.

See oli nii isegi enne Jumalaga käima hakkamist ja ajast, mil Jumal temaga käima hakkas, sündis see veelgi enam. Nii nagu kirjutatakse Õpetussõnades 8:17, kus öeldakse: *„Mina armastan neid, kes armastavad mind, ja kes otsivad mind, need leiavad minu"*, Eenok armastas Jumalat ja igatses Teda üliväga ja Jumal käis samuti temaga.

Mida enam me armastame Jumalat, seda puhtamaks muutub me süda ja mida puhtam on meie süda, seda rohkem me armastame Jumalat ja otsime Teda. Puhta südamega inimestega on mugav rääkida ja suhelda. Nad võtavad lihtsalt kõik puhtalt vastu ja usuvad teisi.

Kes tunneks end halvasti ja kortsutaks kulmu väikeste beebide rõõmsaid naeratusi nähes? Enamik inimestest tunneks end hästi ja naerataks beebisid nähes samuti, sest beebide puhtus kandub inimestele üle ja värskendab nendegi südameid.

Isa Jumal tunneb samamoodi, kui Ta näeb puhta südamega inimest. Seega, Ta tahab niisugust inimest rohkem näha ja tema seltsis viibida.

12. Ametüst: Ilu ja tasadus

Uue Jeruusalemma müüride kaheteistkümnes ja viimane aluskivi on ametüst. Ametüstil on helelilla värv ja see on läbipaistev. Ametüstil on väga elegantne ja ilus värv ning ülikutele meeldis see juba iidsetel aegadel.

Jumalagi arvates on vaimne süda, mille sümboliks on ametüst, ilus. Vaimne süda, mida ametüst sümboolselt tähistab, on tasane. Tasadus sisaldub armastuse peatükis, õndsakskiitmistes ja isegi Püha Vaimu üheksa vilja seas. See vili kasvab kindlasti inimeses, kes sünnitab Püha Vaimu kaudu vaimu ja elab Jumala Sõna järgi.

Jumala arvates on tasane süda ilus

Sõnaraamatus määratletakse tasadust lahkuse, õrnuse ja tasaduse iseloomuomadustega [ja] rahu edastamise võimega. Aga tasadus, mida Jumal ilusaks peab, ei seisne vaid neis iseloomuomadustes.

Lihalikus mõttes tasase loomuga inimesed tunnevad end veidi ebamugavalt nende inimeste seltsis, kes ei ole tasased. Kui nad näevad kedagi, kes on väga avatud või tugeva iseloomuga inimesed, muutuvad nad ettevaatlikuks ja tunnevad isegi, et niisuguse inimesega on raske suhelda. Aga vaimselt tasane inimene suudab aktsepteerida igasuguseid inimesi, kellel on ükskõik milline iseloom. See on üks lihaliku ja vaimse tasaduse vaheline erinevus.

Aga mis on vaimne tasadus ja miks Jumal seda ilusaks peab?

Vaimne tasadus tähendab, et meil on mahe ja armastav iseloom ja suuremeelne süda, mis aktsepteerib igaüht. See on pehme ja mugav nagu puuvill, nii et paljud inimesed leivad selle inimese juures hingamise. Samuti, selline inimene mõistab kõike headusega ja võtab kõike omaks ja aktsepteerib armastusega.

Ja vaimse tasaduse puhul ei või vajaka olla ühest asjast – vooruslikust iseloomust, mis on seotud suuremeelse südamega. Kui meil on väga armastav ja tasane süda üksnes isekeskis olles, ei tähenda see tegelikult midagi. Aeg-ajalt, kui on vaja, peaksime me suutma teisi julgustada ja neile nõu anda, osutades headuse ja armastuse tegusid. Voorusliku iseloomu demonstreerimine tähendab teiste tugevdamist, neil armastuse tunda laskmist ja meie südames hingamist leida laskmist.

Vaimselt tasane inimene

Tõeliselt vaimselt tasased inimesed ei tunne kellegi vastu eelarvamust. Seega, neil ei esine probleeme ja nad ei ole kellegagi halbades suhetes. Teine inimene tunneb ka seda armastavat südant, seega ta saab hingata ja leida meelerahu, kui ta tunneb, et teda võetakse väga armastavalt omaks. Niisugune vaimne tasadus on nagu suur puu, mis annab kuumal suvepäeval suurt, jahedat varju.

Kui abielumees aktsepteerib ja võtab kõiki oma pereliikmeid suuremeelse südamega vastu, austab ja armastab naine teda. Kui naisel on samuti süda, mis on pehme nagu puuvill, saab ta oma mehele tröösti ja rahu anda, seega nad võivad olla väga õnnelikus paarisuhtes. Samuti, sellises peres kasvavad lapsed ei lähe eksiteele isegi siis, kui nad sattuvad raskustesse. Kuna pererahu annab neile jõudu, ületavad nad raskused ja kasvavad ausateks inimesteks ja neil on hea tervis.

Samamoodi, vaimse tasaduse saanud inimeste kaudu võivad ka neid ümbritsevad inimesed leida omale hingamise ja rõõmu tunda. Siis ütleb Isa Jumal samuti, et vaimselt tasased inimesed on tõesti ilusad.

Selles maailmas võtavad inimesed teiste südamete võitmiseks mitmesuguseid mooduseid kasutusele. Nad võivad anda teistele materiaalseid asju või kasutada nende ühiskondlikku kuulsust või võimu. Aga niisuguste lihalike meetoditega ei saa tegelikult teiste südant võita. Need võivad hetkeks vajaduse tõttu abiks olla, aga kuna nad ei alistu tegelikult südamest, muudavad need inimesed olukorra muutudes meelt.

Aga inimesed kogunevad loomuomaselt vaimselt tasase inimese ümber. Nad alistuvad kogu südamest ja soovivad temaga jääda, sest nad saavad vaimselt tasasest inimesest uut jõudu ja tröösti, mida nad maailmas tunda ei saanud. Seega, paljud jäävad vaimselt tasase inimesega ja sellest saab vaimne meelevald.

Matteuse 5:5 räägitakse sellest paljude hingede võitmise õnnistusest ja öeldakse, et need inimesed pärivad maa. See tähendab, et nad võidavad maapõrmust tehtud inimeste südamed. Selle tulemusel saavad nad ka igaveses taevariigis suure maa-ala. Kuna nad on aktsepteerinud ja juhatanud paljusid hingi tõe sisse, saavad nad suure tasu.

Sellepärast ütles Jumal Moosese kohta 4. Moosese raamatus 12:3: *"Aga mees, Mooses, oli väga alandlik, alandlikum kõigist inimestest maa peal."* Mooses juhtis väljarännet. Ta juhtis üle 2 miljonit inimest ja juhatas neid 40 aastat kõrbes. Täpselt nii nagu vanemad kasvatavad lapsi, võttis ta nad oma südames vastu ja juhatas neid Jumala tahte järgi.

Isegi kui lapsed teevad rasket pattu, ei jäta vanemad neid lihtsalt maha. Samamoodi, Mooses hoidis isegi neid inimesi, kes olid Seaduse alusel paratamatult maha jäetud ja juhatas neid lõpuni, paludes Jumalal neile andestada.

Kui teil on koguduses kasvõi väike kohustus, saate te aru,

kui hea see tasadus on. Kui te tegutsete tasaselt mitte üksnes hingede eest hoolekandetöös, vaid iga ülesannet täites, ei ole teil probleemi. Ei leidu kahte inimest, kellel oleks samasugune süda ja samad mõtted. Igaüks on erinevates oludes kasvanud ja erineva iseloomuga. Nende mõtted ja arvamused ei pruugi kooskõlas olla.

Aga tasane inimene suudab teisi suuremeelselt omaks võtta. Tasadus, mis tühjendab inimese ja laseb tal teisi omaks võtta, tuleb ilusalt esile olukorras, kus igaüks toonitab, et tal on õigus.

Me oleme teada saanud igast vaimsest südamest, mille sümboliks on Uue Jeruusalemma linnamüüri kaksteist aluskivi. Need on usu, ausameelsuse, ohvrimeelsuse, õigsuse, kirglikkuse, halastuse, kannatlikkuse, headuse, enesevalitsuse, puhtuse ja tasadusega südamed. Kui kõik need loomuomadused ühtekokku panna, moodustub sellest Jeesuse Kristuse ja Isa Jumala süda. Ühesõnaga – tegu on „täiusliku armastusega."

Niisuguse täiusliku armastuse kasvatanud inimesed, kellel on lisaks iga kaheteistkümne kalliskivi laadse iseloomujoone hea ja tasakaalus kombinatsioon, võivad julgelt Uue Jeruusalemma linna sisse minna. Samuti, nende Uues Jeruusalemmas asuvad majad on kaheteistkümne erineva kalliskiviga kaunistatud.

Seetõttu on Uue Jeruusalemma linna sees väga ilus ja kirjeldamatult lummav. Majad, hooned ja kõik rajatised nagu näiteks pargid, on ehitud võimalikult kaunilt.

Aga Jumal peab kõige kaunimateks linna tulevaid inimesi. Neist lähtub eredamat valgust kui kaheteistkümnest kalliskivist tulev valgus. Nende südamepõhjast lähtub ka intensiivset Isa armastuse head lõhna. Seekaudu tunneb Isa Jumal tröösti kõige eest, mis Ta senini on teinud.

6. peatükk

Kaksteist pärliväravat ja kuldne tee

1. Kaksteist pärliväravat
2. Puhtast kullast tänavad

*Kaksteist väravat on kaksteist pärlit,
iga värav ühest pärlist, ning linna
tänav on puhtast kullast otsekui
läbipaistev klaas.*

- Johannese ilmutus 21:21 -

Uue Jeruusalemma linnal on kaksteist väravat, linnamüüridest põhjas, lõunas, idas ja lääneküljes, igas ilmakaares kolm väravat. Hiigelsuur ingel valvab iga väravat ja vaatepilt näitab hetkega Uue Jeruusalemma linna toredust ja võimu. Iga värav on kaarekujuline ja nii tohutu, et selle nägemiseks tuleb kõrgele üles vaadata. Iga värav on tehtud hiiglaslikust pärlist. See libiseb mõlemale küljele lahti ja sellel on kullast ja vääriskividest tehtud käepide. Värav avaneb automaatselt ja pole vajadust, et keegi seda käsitsi avama peaks.

Jumal tegi oma armsatele lastele kaksteist ilusate pärlitega väravat ja puhtast kullast tänavad. Kui palju ilusamad ja toredamad võisid olla linna ehitised?

Enne seda kui me vaatleme lähemalt Uue Jeruusalemma linna ehitisi ja kohti, vaatame esiteks, miks Jumal tegi Uue Jeruusalemma väravad pärlitest ja missugused tänavad seal on kuldtänavatele lisaks.

1. Kaksteist pärliväravat

Johannese ilmutuses 21:21 on kirjas: *„Kaksteist väravat on kaksteist pärlit, iga värav ühest pärlist, ning linna tänav on puhtast kullast otsekui läbipaistev klaas."* Miks tehti siis kaksteist väravat pärlitest, kui Uues Jeruusalemmas on palju muid vääriskive? Mõned ütlevad, et iga väravat oleks parem erinevate vääriskividega ehtida, kuid Jumal ehtis kõik kaksteist väravat vaid pärliga.

See on nii Jumala ettehoolde ja mustris sisalduva vaimse tähenduse tõttu. Erinevalt muudest vääriskividest, on pärlil veidi erinevam väärtus ja seega peetakse neid hinnalisemateks, sest nende tootmisprotsess on vaevaline.

Miks on kaksteist väravat tehtud pärlitest?

Kuidas valmib pärl? Pärl on üks kahest mere orgaanilisest juveelist, teine on korall. Arvukad inimesed on seda palju imetlenud, kuna sellel on ilus läige ja see ei vaja poleerimist.

Pärl moodustub austrikarbi sisenahale. See on peamiselt kaltsiumkarbonaadist koosnev läikega eritise tükk, mis on kas poolkera või kerakujuline. Kui võõrkehad sattuvad karbi pehme liha pinnale, kannatab karp suurt vali, otsekui torgitaks seda nõeltega. Siis võitleb karp võõrkeha vastu ja tunneb tohutult palju valu. Pärl moodustub kui karbi eritis katab võõrkeha mitmeid kordi.

On olemas kahte sorti pärle: loomulikud ja kasvatatud pärlid. Inimesed on aru saanud pärlite tootmise põhimõttest. Nad kasvatavad palju karpe ja sisestavad neisse võõrkehi, et karbid toodaksid pärle. Need pärlid tunduvad loomulikud, kuid need on suhteliselt odavamad, kuna neil on õhem pärli kattekiht.

Nii nagu pärlikarp kannatab pärli moodustumise ajal võõrkehade tõttu suurt valu, on Jumala lastel Jumala kadumaläinud kuju taastata püüdmiseks vaja vastupidavust. Nad võivad tulla esile usuga, mis on puhta kulla sarnane ja millega nad võivad minna Uude Jeruusalemma alles pärast seda kui nad on maapealse elu jooksul talunud raskusi ja kurbust.

Kui me tahame usuvõitlust võita ja Uue Jeruusalemma linnaväravatest läbi tulla, peame me oma südamest pärli tegema. Täpselt nii nagu pärl talub pärlikarbis valu ja eritab pärli moodustamiseks pärlmutrit, peavad ka jumalalapsed taluma valu, kuni Jumala kuju taastub neis täiesti.

Nii nagu pattu tuli maailma ja inimesed määrdusid patust üha enam, kaotasid nad Jumala kuju. Inimeste südamesse istutati kurjus ja väärus ja nende südamed määrdusid ja neist lähtus halba lehka. Isa Jumal osutas oma suurt armastust isegi nende inimeste vastu, kes elasid patuses maailmas patuse südamega.

Igaüks, kes usub Jeesust Kristust, tehakse Tema vere läbi patust puhtaks. Aga Isa Jumal tahab omale tõelisteks lasteks täiesti täiskasvanuid ja täisikka jõudnud lapsi. Ta tahab neid, kes ei määri end enam pärast puhtaks pesemist. Vaimselt tähendab see, et nad ei tee enam pattu, vaid on Isa Jumalale täiusliku usuga meeltmööda.

Ja niisuguse täiusliku usu omamiseks on meil esiteks vaja tõelist südant. Meil võib olla tõeline süda, kui me eemaldame oma südamest igasuguse patu ja kurjuse ja täidame selle hoopis headuse ja armastusega. Mida rohkem meis on headust ja armastust, seda rohkem meis taastub Jumala kuju.

Isa Jumal laseb oma lastele puhastavaid katsumusi osaks saada, et nad kasvataksid headust ja armastust. Ta laseb neil leida erinevates olukordades olles oma südames olevat pattu ja kurjust. Kui me näeme eneses olevat pattu ja kurjust, tunneme me südames valu. See tundub nagu terava sissetungiva eseme minek austrikarpi, mis läbistab pehme liha. Kuid me peame tunnistama tõsiasja, et kui me katsumustest läbi läheme, tunneme oma südames oleva patu ja kurjuse tõttu valu.

Kui me seda tõsiasja tõesti tunnistame, võime me siis oma südamest vaimse pärli teha. Me palvetame tulihingeliselt, et avastatud pattudest ja kurjusest vabaneda. Siis tuleb meie üle Jumala arm ja jõud. Ja Püha Vaim aitab meid samuti. Selle tulemusel eemaldatakse leitud patud ja kurjus ja selle asemel saame me vaimse südame.

On pärlid äärmiselt kallihinnalised, kui nende tootmise protsessi silmas pidada. Nii nagu pärlikarbid peavad pärlite tekkimiseks kannatama valu ja vastupidavust omama, tuleb meil Uude Jeruusalemma mineku jaoks olla võitja ja suurt vaeva taluda. Me võime neist väravatest siseneda üksnes siis, kui me usuvõitluses võidu saame. Need väravad on tehtud selle tõsiasja sümboliseerimiseks.

Heebrealastele 12:4 öeldakse: „*Teie ei ole veel vereni vastu pannud patu vastu võideldes.*" Ja Johannese ilmutus 2:10 teises pooles õhutatakse meid samuti: „*Ole ustav surmani, ja ma annan sulle elupärja.*"

Nii nagu Piiblis öeldakse: me võime minna Uude Jeruusalemma, Taeva kõige kenamasse kohta, ainult siis kui me patule vastu seisame, loobume igasugusest kurjast, oleme ustavad isegi surmani ja täidame oma kohust.

Usukatsumuste ületamine

Meil on vaja puhta kulla taolist usku, et läbida Uue Jeruusalemma kaksteist väravat. Niisugust usku ei saa lihtsalt; alles siis kui me usukatsumused läbime ja võidame, saame me niisuguse usu, nii nagu karp tunneb suurt valu kuni selles moodustub pärl. Kuid usus ei ole nii lihtne püsida, kuna vaenlane kurat ja saatan püüavad iga hinna eest usu saamist takistada. Pealegi, kuniks me seisame usukaljul, võime me tunda, et Taevasse minev tee on raske ja valulik, kuna meie ees seisavad pinevad lahingud vaenlase kuradi vastu, vastavalt meie südame ebatõe sisalduse määrale.

Kuid me võime võita, sest Jumal annab meile armu ja jõu ja Püha Vaim aitab ja juhatab meid. Kui me seisame usukaljul, pärast nende sammude järgimist, võime me võita igasugused raskused ja rõõmustada kannatamise asemel.

Buda mungad peksavad oma ihu ja „orjastavad" selle meditatsiooni abil, et vabaneda kõigest maailmalikust. Mõned nende seast praktiseerivad aastakümneid askeetlust ja kui nad surevad, saadakse nende säilmetest pärlisarnane ese. See moodustub pärast paljusid taluvuse ja enesevalitsuse aastaid, nii nagu austrikarpides tekivad pärlid.

Kui palju peame meie taluma ja end valus valitsema, kui me püüame vabaneda maailma lõbudest ja valitseda ihu ihasid vaid enese jõuga? Kuid Jumala lapsed võivad Jumla armu ja jõuga Püha Vaimu tegudes käies maailma lõbudest kiiresti vabaks saada. Samuti me võime Jumala abiga igasugused raskused võita ja me võime joosta vaimset võidujooksu, sest meile on valmistatud Taevas.

Seega ei pea usku omavad Jumala lapsed taluma oma läbikatsumisi valus, vaid need rõõmu ja tänumeelega võitma, oodates õnnistusi, mis neid üsna pea tabavad.

Kaksteist pärliväravat on usu läbi võitjatele

Kaksteist pärliväravat on nagu triumfikaared usu läbi võitjatele, nii nagu võidukad komandörid naasevad koju pärast edukaid lahinguid, tulles läbi monumendi, mis austab nende tegusid.

Vanal ajal ehitasid inimesed erinevad monumente ja ehitisi ja nimetasid iga koha kangelaste järgi, et tervitada ja austada sõjamehi ja nende komandöre, kes naasid koju võidukalt. Võidukat kindralit austati ja ta läks läbi triumfikaare või –värava ning suur rahvahulk tervitas teda kui ta sõitis kuninga poolt talle saadetud vankris.

Kui nad jõudsid banketisaali, tervitasid neid võiduka laulu taustal ministrid, kes istusid kuninga ja kuningannaga. Siis tuli komandör vankrist välja ja kummardus oma kuninga ette ja kuningas lasi tal tõusta ja kiitis tema väljapaistvat teenistust. Siis nad sõid, jõid ja jagasid võidust rõõmu. Komandörile võidi anda tasuks võimu, rikkust ja au, mis olid vaid kuninga omadega võrreldavad.

Kui komandöri ja sõjaväe võim oli nii suur, kuivõrd palju suurem on siis nende meelevald, kes lähevad sisse Uue Jeruusalemma kaheteistkümnest väravast? Isa Jumal armastab ja trööstib neid ja elab seal igavesti aus, mida ei saa võrrelda triumfikaare alt läbi läinud komandöri ega sõjameeste auga. Kui nad lähevad läbi kaheteistkümne pärlivärava, meenutavad nad oma usuteed, ajal kui neil oli raske ja nad püüdsid endist parimat anda ja valasid tänumeelega pisaraid, mis tulvasid kogu nende südamest.

Kaheteistkümne pärlivärava suurejoonelisus

Taevas ei unusta inimesed kunagi midagi ka kaua aja möödudes, sest Taevas on osa vaimumaailmast. Selle asemel peavad nad vahel kalliks mineviku meenutamise aega.

Sellepärast on Uude Jeruusalemma minejad nii ülevoolavalt hämmastunud, kui nad näevad kahtteist pärliväravat ja mõtlevad: „Ma olen võitnud palju katsumusi ja viimaks jõudnud Uude Jeruusalemma!" Nad tunnevad rõõmu selle meenutamisest, et nad võitlesid ja võitsid lõpuks vaenlase kuradi ja maailma ja ja vabanesid igasugusest ja kogu ebatõest, mis neis oli. Nad tänavad Isa Jumalat taaskond ja mäletavad Tema armastust, mis viis neid maailma võitma. Nad tänavad ka neid, kes neid aitasid, kuniks nad sinna kohta jõudsid.

Selles maailmas vaibub tänulikkuse määr aja jooksul vahel täielikult või väheneb, kuna Taevas pole ebasiirust, inimeste tänumeel, rõõm ja armastus kasvavad seal aja jooksul üha enam. Seega, mil iganes Uue Jeruusalemma elanikud näevad pärliväravaid, on nad tänulikud Jumala armastuse eest ja nende eest, kes neil sinna minna aitasid.

2. Puhtast kullast tänavad

Kui inimesed meenutavad oma maapealset elu ja lähevad läbi majesteetlike kaarekujuliste pärliväravate, sisenevad nad lõpuks Uude Jeruusalemma. Linn on täis Jumala auvalgust, ingelliku kiituse kauget rahulikku häält ja õrnu lillelõhnu. Iga sammuga, mis neid inimesi linnas edasi viib, tunnevad nad kirjeldamatut õnnetunnet ja joovastust.

Me rääkisime juba kaheteistkümne vääriskiviga kaunistatud müüridest ja ilusatest pärliväravatest. Millest on siis Uue Jeruusalemma tänavad tehtud? Nii nagu Johannese ilmutuses 21:21 öeldakse: *„Ning linna tänav on puhtast kullast otsekui läbipaistev klaas,"* Jumal tegi Uue Jeruusalemma tänavad oma lastele, kes linna lähevad, puhtast kullast.

Jeesus Kristus: Tee

Selles maailmas on palju teeliike, alates varjatud teerajast raudteedeni, kitsastest tänavatest kiirteedeni. Sõltuvalt sihtkohast ja vajadusest, inimesed liiguvad eri radu pidi. Aga Taevasse mineku jaoks on vaid üks Tee: Jeesus Kristus.

Mina olen Tee ja Tõde ja Elu. Ükski ei saa minna Isa juurde muidu kui minu kaudu (Johannese 14:6).

Jeesus, Jumala üks ja ainus Poeg, avas pääsemise tee

ristisurmaga kõigi inimeste eest, kes pidid oma pattude tõttu igavest surma surema ja Jumal äratas Ta kolmandal päeval ellu. Kui me usume Jeesust Kristust, vastame me igavese elu saamise tingimustele. Seega, Jeesus Kristus on ainus tee Taevasse, pääsemisele ja igavesse ellu. Pealegi on Jeesuse Kristuse vastuvõtmine ja Tema loomusele sarnanemine ainus tee, mis viib igavesse ellu.

Kuldsed tänavad

Eluvee jõe mõlemal pool on tänavad, mis lasevad igaühel piiritus Taevas lihtsalt Jumala aujärge leida. Eluvee jõgi saab alguse Jumala ja Talle aujärjest ning voolab läbi Uue Jeruusalemma linna ja kõigi taevaste eluasemete ja naaseb Jumala aujärjele.

> *Ta näitas mulle eluvee jõge, säravat nagu mägikristall. See saab alguse Jumala ja Talle troonist. Keset linna tänavat ja mõlemal pool jõge on elupuu, mis kannab vilja kaksteist korda, andes iga kuu oma vilja, ning puu lehed annavad tervist rahvastele* (Johannese ilmutus 22:1-2).

„Vesi" sümboliseerib vaimselt Jumala Sõna ja kuna me saame Tema Sõna kaudu elu ja läheme Jeesuse Kristuse kaudu igavese elu teed, voolab eluvesi Jumala ja Talle aujärjelt.

Pealegi, kuna Eluvee jõgi ümbritseb Taevast, võime me Uude Jeruusalemma jõuda lihtsalt, jõe mõlemal kaldal olevaid tänavaid mööda minnes.

Kuldsete tänavate tähendus

Kullast tänavad ei ole maas mitte vaid Uues Jeruusalemmas, vaid kõigis Taeva paikades. Kuid nii nagu iga eluaseme sära, materjalid ja ilu erinevad, erineb iga eluaseme ja kuldsete tänavate sära.

Taevane puhas kuld on selle maailma kullast erinevalt mitte pehme, vaid kõva. Aga kui me neil kuldsetel tänavatel käime, tunduvad nad väga pehmed. Pealegi, Taevas pole tolmu ega mingit mustust ja kuna miski ei kulu iialgi, ei kahjusta miski kuldseid tänavaid. Mõlemal pool tänavaid õilmitsevad ilusad lilled ja need tervitavad tänavail käivaid Jumala lapsi.

Mis oli siis tänavate puhtast kullast tegemise tähendus ja põhjus? See on meile meenutamiseks, et mida puhtam on nende süda, seda paremas taevases kohas nad elada saavad. Pealegi, kuna me saame Uude Jeruusalemma minna ainult siis kui me liigume linna suunas usu ja lootusega, on Jumal teinud tänavad puhtast kullast, mis tähistab vaimset usku ja sellest usust sündinud innukat lootust.

Lilleteed

Nii nagu äsjaniidetud murul, kaljudel, sillutatud teedel ja nii edasi võib erineval viisil käia, erineb ka kuldsetel tänavatel ja lilleteedel käimine. On ka teisi teid, mis on vääriskividest ja neil kõndimisel võib tunda erinevat õnnetunnet. Me paneme tähele ka erinevate transpordivahendite – nagu lennuki, rongi või bussi mugavuse erinevust ja Taevas on samamoodi. Teede peal kõndimine erineb Jumala väe kaudu automaatsest edasiviimisest.

Taevaste lilleteede mõlemas ääres ei kasva lilled, kuna teed ise on tehtud lilledest, et inimesed võiksid lilledel käia. Seal käimine tundub pehme ja kohev, nii nagu paljajalu pehmel vaibal käimine. Lilled ei saa viga ega närbu, sest meie ihud on valgusest enesest koosnevad vaimuihud ja lillede peal ei trambita.

Pealegi, taevased lilled rõõmustavad ja eritavad oma lõhnu, kui Jumala lapsed nende peal käivad. Seega, kui nad lilleteedel käivad, imenduvad lõhnad nende ihudesse nii, et nende süda on õnnis, värskendatud ja õnnelik.

Vääriskividest teed

Teed on tehtud vääriskividest, millel on palju erinevaid hiilgavaid värve ja mis on täis ilusat valgust ning – veel huvitavam, need säravad veel ilusama valgusega, kui vaimuihud nende peal käivad. Isegi vääriskividest õhkub lõhnu ja õnnetunnet ja rõõmu on raske mõista. Samuti me võime tunda veidi põnevust vääriskividel teedel käimisest, sest see tundub otsekui vee peal käimine. Aga see ei tähenda, et me tunneksime, otsekui me vajuksime vette või upuksime, vaid selle asemel tunneme me iga sammuga tehtud pingutusest ekstaasi.

Aga vääriskividest tehtud teid võib Taevas vaid teatud paikades leida. Teiste sõnadega, need antakse tasuks majadesse ja nende ümber vaid inimestele, kelle süda on Isanda südame sarnane ja kes andsid väga palju Jumala ettehooldega inimarengu heaks. See sarnaneb viisiga, kuidas kuningalossis või palees on isegi väike käik kaunistatud elegantsete parimast materjalist kaunistustega.

Inimesed ei väsi ega tüdi millestki Taevas, vaid armastavad kõike igavesti, sest tegu on vaimumaailmaga. Nad tunnevad ka rohkem rõõmu ja õnne, sest isegi väikeses esemeski on peidus

vaimne tähendus ja see suurendab inimeste armastust ja imetlust.
Kui ilus ja imeline on Uus Jeruusalemm! Jumal valmistas selle oma armastatud laste jaoks. Ka paradiisi ja esimese, teise ja kolmanda taevariigi inimesed rõõmustavad väga ja on tänulikud, kui nad lähevad läbi pärliväravate, olles saanud kutse Uude Jeruusalemma.

Kas te võite ette kujutada kui palju tänulikumad ja rõõmsamad on Jumala lapsed seetõttu, et nad jõudsid Uude Jeruusalemma pärast Isanda – tõelise Tee – ustavat järgimist?

Kolm Uude Jeruusalemma mineku võtit

Uus Jeruusalemm on oma 2400 km suuruse laiuse, pikkuse ja kõrguse poolest kuubikukujuline linn. Linnamüüris on kokku kaksteist väravat ja kaksteist aluskivi. Linnamüür, kaksteist väravat ja kaksteist aluskivi on vaimse tähendusega. Kui me saame neist tähendustest aru ja teeme need oma südames teoks, võime me Uude Jeruusalemma mineku vaimsetele tingimustele vastata. Selles mõttes on need vaimsed tähendused Uue Jeruusalemma linna mineku võtmeteks.

Uude Jeruusalemma sisenemise esimene võti on linnamüüri sisse peidetud. Nii nagu kirjutatakse Johannese ilmutuses 21:18: *„Selle müür on jaspisest ning linn ise puhtast kullast, selge klaasi sarnane"*, linnamüür oli jaspisest, mis sümboliseerib vaimselt Jumalale meelepärast usku.

Usk on kristlase elus kõige põhilisem ja olulisem asi. Ilma usuta me ei pääse ja ei saa Jumalale meelepärane olla. Uue Jeruusalemma linna minekuks on meil vaja Jumalale meelepärast usku – kõige kõrgemal tasemel olevat, viienda taseme usku. Seega, esimene võti on viies usutase ehk Jumalale meelepärane usk.

Teine võti sisaldub kaheteistkümnes aluskivis. Kaheteistkümne aluskiviga kujutatud vaimsete südamete ühinedes saadakse täiuslik armastus ja see täiuslik armastus on Uue Jeruusalemma teine võti.

Kaksteist aluskivi on tehtud kaheteistkümnest erinevast kalliskivist. Iga kaheteistkümne aluskivi peal olev kalliskivi sümboliseerib teatud liiki vaimset südant. Need on usu, ausameelsuse, ohvrimeelsuse, õigsuse, ustavuse, kirglikkuse, halastuse, kannatlikkuse, headuse, enesevalitsuse, puhtuse ja tasadusega südamed. Kõiki neid omadusi kokku liites saab sellest Jeesuse Kristuse ja armastuse enese – Isa Jumala süda. Kokkuvõtteks, Uude Jeruusalemma mineku teine võti on täiuslik armastus.

Kolmandaks Uue Jeruusalemma linna peidetud võtmeks on kaksteist pärliväravat. Jumal tahab, et me saaksime pärli abil aru, kuidas me saame Uude Jeruusalemma minna. Pärl on teistest kalliskividest väga erineval moel valmistatud. Kuld, hõbe ja kalliskivid, mis on kaheteistkümneks aluskiviks, tulevad maa seest. Aga pärl on ainulaadselt elavast ainest tehtud.

Enamik pärle on pärlikarbis tekkinud. Pärlikarp talub valu ja eritab pärli valmistamiseks pärlmutrit. Samamoodi, ka jumalalastel tuleb valu taluda, kuni neis taastub täielikult Jumala kuju.

Isa Jumal tahab saada lapsi, kes ei tee ennast enam pärast Jeesuse Kristuse verega puhtaks pesemist mustaks, vaid kes on Isa Jumalale oma täiusliku usuga meelepärased. Niisuguse täiusliku usu omamiseks on meil vaja tõest südant. Meil võib olla tõene süda, kui me eemaldame oma südamest igasuguse patu ja kurjuse ja täidame selle hoopis headuse ja armastusega.

Sellepärast laseb Jumal usukatsumustel meie ellu tulla, kuniks meil on tõene süda ja täiuslik usk. Ta laseb meil erinevate olukordade kaudu meie südames olevat pattu ja kurjust avastada. Meie süda valutab, kui me näeme eneses olevat pattu ja kurjust. See tundub otsekui pehmet liha läbistava terava eseme sissetung austrikarpi. Täpselt samamoodi nagu pärlikarp katab soovimatu sissetungija kiht-kihi haaval pärlmutriga, lisades kihikaupa paksust, kui me läbime katsumused usus, muutub meie südame pärlmutter paksemaks. Nii nagu pärlikarp valmistab pärli, peame ka meie usklikena valmistama vaimset pärli, et Uude Jeruusalemma minna. See on Uude Jeruusalemma mineku kolmas võti.

Ma soovin, et te mõistaksite Uue Jeruusalemma linnamüüris, linnamüüri kaheteistkümnes väravas ja kaheteistkümnes aluskivis peituvat vaimset tähendust ja et teil oleksid Uude Jeruusalemma minekuks vajalikud vaimsed omadused.

7. peatükk

Võluv vaatepilt

1. Pole vaja päikesepaistet ega kuuvalgust
2. Uue Jeruusalemma hurm
3. Igavesti Isanda – meie peigmehega
4. Uue Jeruusalemma elanike au

Templit ma ei näinud seal, sest Isand, Kõigeväeline Jumal, on selle tempel, ning Tall. Ja linnale ei ole vaja päikest ega kuud, et need talle paistaksid, sest Jumala kirkus valgustab seda, ning tema lamp on Tall. Rahvad hakkavad käima Tema valguses ning ilmamaa kuningad toovad sinna oma hiilguse. Tema väravaid ei lukustata päeval, ent ööd seal ei olegi. Ja rahvaste hiilgus ja au kantakse sinna sisse. Sinna ei saa midagi, mis on rüve, ega keegi, kes teeb jäledusi ja valet, vaid üksnes need, kes on kirjutatud Talle eluraamatusse.

- Johannese ilmutus 21:22-27 -

Apostel Johannes, kellele Püha Vaim näitas Uut Jeruusalemma, pani linna välimuse üksikasjalikult kirja, kui ta vaatas seda kõrgemast kohast. Johannes igatses kaua Uue Jeruusalemma sisemust näha ja kui ta lõpuks nägi linna sisemust, oli see nii ilus vaatepilt, mis tekitas temas ekstaasi.

Kui meil on Uude Jeruusalemma minekuks vajalikud omadused ja me seisame värava ees, võime me näha kaarekujulist avatud pärliväravat, mis on meie jaoks liiga suur, et selle lõppu näha.

Sel hetkel tuli esile Uue Jeruusalemma linna kirjeldamatult ilus valgus ja ümbritses meie ihu. Me tunneme Jumala suurt armastust hetkega ja ei saa oma voolavaid pisaraid tagasi hoida.

Meid oma lõõmavate silmadega kaitsnud Isa Jumala ülevoolavat armastust ja meie eest ristil oma vere läbi andestanud Isanda armu ja meid Tões elama juhatanud ja meie südames elava Püha Vaimu armastust tundes anname me piiramatult au ja austust.

Uurime nüüd apostel Johannese seletuse alusel Uue Jeruusalemma linna üksikasju.

1. Pole vaja päikesepaistet ega kuuvalgust

Apostel Johannes, kes vaatas maastikku Uues Jeruusalemmas, mis oli täis Jumala au, tunnistas järgmist:

> *Ja linnale ei ole vaja päikest ega kuud, et need talle paistaksid, sest Jumala kirkus valgustab seda, ning tema lamp on Tall* (Johannese ilmutus 21:23).

Uus Jeruusalemm on täis Jumala au, kuna Jumal püsib ja valitseb selle linna üle ja seal on vaimumaailma tipp, kus Jumal moodustus inimarengu jaoks Kolmainsuseks.

Jumala au särab Uue Jeruusalemma peale

Jumal pani maa peale päikese ja kuu, et me tunneksime head ja kurja ja eristaksime vaimu lihast valguse ja pimedusega nii, et me võiksime elada Jumala tõeliste lastena. Ta teab kõike vaimu ja liha ning hea ja kurja kohta, kuid inimolendid ei saa neid asju mõista ilma inimarenguta, sest nad on pelgalt loodud olendid.

Kui esimene inimene Aadam oli Eedeni aias enne inimarengu algust, ei võinud ta kunagi tulla arusaamisele kurjast, pimedusest, vaesusest ega tõvest. Sellepärast ta ei saanud aru elu ega õnne tõelisest tähendusest ega olla tänulik Jumalale, kes oli talle kõik andnud, isegi kuigi ta elu oli nii rikkalik.

Selleks, et Aadam oleks võinud tunda tõelist õnne, pidi ta valama pisaraid, leinama, kannatama valu ja haiguse tõttu ja kogema surma ja see kõik moodustab inimaregu protsessi. Palun vaadake üksikasjade jaoks *Risti Sõnumit*.

Lõpuks sooritas Aadam hea ja kurja tundmise puust söömisega sõnakuulmatuse patu ja aeti maa pealt välja ning ta hakkas suhtelisust mõistma. Vaid pärast seda mõistis ta kui külluslik, õnnelik ja ilus oli ta elu Eedeni aias ja ta tänas Jumalat oma tõesest südamest.

Ka tema järeltulijad hakkasid inimarengu käigus paljude raskuste kogemise kaudu eristama valgust pimedusest, vaimu lihast ja head kurjast. Seega, kui me saame päästetud ja läheme Taevasse, ei ole enam vaja päikesevalgust ega kuupaistet, mis oli vajalik inimese arengu jaoks.

Kuna Jumal ise elab Uue Jeruusalemma linnas, pole seal

mingit pimedust. Pealegi, Jumala auvalgus paistab suuremas osas Uuest Jeruusalemmast; üsna loomulikult ei vaja see linn valguse paisteks päikest, kuud ega lampe.

Tall, kes on Uue Jeruusalemma lamp

Johannes ei suutnud leida midagi, mis andis päikese või kuu või mingisuguse lambipirni moel valgust, sest Tall Jeesus Kristus on saanud Uue Jeruusalemma lambiks.

Kuna esimene inimene Aadam tegi sõnakuulmatuse pattu, pidi inimkond surma teed minema (Roomlastele 6:23). Armastuse Jumal saatis patuprobleemi lahenduseks maa peale Jeesuse. Jumala Poeg Jeesus, kes tuli lihas maa peale, puhastas meid oma vere valamise kaudu patust ja sai surma väe murdmise teel ülestõusmise esmaviljaks.

Selle tulemusel saavad kõik, kes võtavad Jeesuse oma Päästjaks, elu ja võivad saada osa ülestõusmisest, kogeda igavest elu Taevas ja saada kõigile siin maa peal tehtud palvetele vastused. Pealegi võivad Jumala lapsed nüüd saada maailma valguseks, elades Valguse enese sees ja austades Jumalat Jeesuse Kristuse kaudu. Teiste sõnadega, nii nagu lamp valgustab, paistab Jumala auvalgus Päästja Jeesuse kaudu veelgi eredamalt.

2. Uue Jeruusalemma hurm

Kui me vaatame eemalt Uue Jeruusalemma linna, näeme me läbi aupilvede ilusaid ehitisi, mis on tehtud väga paljudest vääriskividest ja kullast. Kogu linn näib elavat paljude valguseliikide segus: valgused, mis tulevad vääriskividest tehtud majadest; Jumala auvalgus ja valgus, mis tuleb selgete sinakate värvidega jaspisest ja puhtast kullast tehtud müüridest.

Kuidas me võime sõnades võimalikult väljendada emotsioone ja erutust, mis valdavad meid Uude Jeruusalemma sisenemisel? See linn on nii ilus, suurejooneline ja ekstaatilisem kui me suudame ette kujutada. Linna keskel on Jumala troon, kust lähtub Eluvee jõgi. Jumala trooni ümber on majad, kus elavad Jumala poolt väga väga palju armastatud Eelija, Eenok, Aabraham, Mooses, Maarja Magdaleena ja neitsi Maarja.

Isanda loss

Isanda loss asub parempoolses alumises osas Jumala troonist, kus Jumal viibib Uue Jeruusalemma linna ülistusteenistustel või pidusöömaaegadel. Isanda lossis on hiiglaslik ehitis, mille keskel on kuldne katus ja mille ümber on lõpmata palju eriliiki hooneid. Eriti on seal palju auriste, mida ümbritseb ere valgus, mis paistab kuldsete kuplikujuliste katuste kohal. Nad meenutavad meile fakti, et me saime päästetud ja Taevasse, kuna Jeesus läks ristile.

Keskel asuv suur hoone on silindrikujuline, aga kuna see on kaunistatud paljude peene oskustööga valmistatud vääriskividega, paistab igast vääriskivist ilus valgus, mis seguneb ja moodustab vikerkaarevärvid. Kui me võrdleme Isanda lossi mingite inimese poolt ehitatud maapealsete hoonetega, on see kõige sarnasem Moskva Püha Basiliuse katedraalile Moskvas, Venemaal. Aga selle stiili, materjale ja suurust ei ole võimalik võrrelda ka kõige suurejoonelisema ehitisega, mis on maa peal eales projekteeritud või ehitatud.

Peale keskel asetseva hoone, on Isanda lossis palju hooneid. Isa Jumal tegi need hooned nii, et vaimus lähedased inimesed võiksid seal oma lähedastega olla. Isanda lossi vastas on rivis kaheteistkümne jüngri kojad. Ees asetsevad Peetruse, Johannese ja Jakoobuse kojad ja teiste jüngrite kojad on nende taga. Eriline on see, et Maarja Magdaleena ja Neitsi Maarja jaoks on Isanda lossis viibimiseks kohad. Muidugi on need kohad nende kahe naise ajutiseks viibimiseks, siis kui Isand neid kutsub ja nende tegelikult lossitaolised eluasemed on Jumala aujärje lähedal.

Püha Vaimu loss

Jumala aujärje vasakus alumises pooles on Püha Vaimu loss. See hiiglaslik loss esindab tasast ja leebet, ema sarnase Püha Vaimu iseloomu paljude eri suurusega kuplikujuliste ehitistega.

Suurima lossi keskel asuva hoone katus on nagu suur karneoolitükk, mis kujutab kirge. Selle hoone ümber voolab eluvee jõgi, mis lähtub Jumala aujärjest ja Isanda lossist.

Kõik Uue Jeruusalemma lossid on nii hiiglaslikud ja määratult suured, kuid Isanda ja Püha Vaimu lossid on eriti suurejoonelised ja ilusad. Nende suurus sarnaneb pigem linna kui lossi suurusele ja nad on väga erilises stiilis ehitatud. See on nii, kuna paljudest inglite ehitatud majadest erinevalt on need Isa Jumala ehitatud. Pealegi on Püha Vaimuga ühendatute ja Püha Vaimu ajastul jumalariigi saanute kojad Isanda lossi sarnaselt ilusalt Püha Vaimu lossi ümber ehitatud.

Suur pühamu

Püha Vaimu lossi ümber ehitatakse praegu palju ehitisi ja see loss on eriti suurejooneline ja võimas ehitis. Sellel on ümar katus ja kaksteist kõrget sammast ja sammaste vahel on kaksteist suurt väravat. See on Uue Jeruusalemma linna järgi ehitatud Suur Pühamu.

Aga Johannes ütleb Johannese ilmutuses 21:22: *„Templit ma*

ei näinud seal, sest Isand, Kõigeväeline Jumal, on selle tempel, ning Tall. " Miks ei suutnud Johannes templit näha? Inimesed arvavad tavaliselt, et Jumal vajab viibimiseks kohta, s.o templit, nii nagu meie vajame eluaset. Seega, maa peal kummardame me Teda pühamutes, kus kuulutatakse Jumala Sõna.

Nii nagu teatab Johannese 1:1: *„Alguses oli Sõna ja Sõna oli Jumala juures ja Sõna oli Jumal,"* Jumal on seal, kus on Sõna; pühamu on seal, kus iganes kuulutatakse Sõna. Aga Jumal Ise viibib Uue Jeruusalemma linnas. Jumal, kes on Sõna Ise ja Isand, kes on Jumalaga üks, elavad Uue Jeruusalemma linnas, seega mingit muud templit pole vaja. Seega, Jumal annab meile apostel Johannese kaudu teada, et mingit templit ei ole vaja ja Jumal ja Isand on Uue Jeruusalemma templiks.

Siis me imestame, mis ehitatakse Suurt Pühamut, mida ei olnud apostel Johannese ajal, praegu? Nii nagu Apostlite tegudes 17:24 kirjutatakse: *„Jumal, kes on teinud maailma ja kõik, mis siin sees, kes Taeva ja maa Isandana ei ela templites, mis on kätega tehtud,"* Jumal ei ela mingis teatud templihoones.

Samuti, kuigi Jumala troon on Taevas, tahab Ta ikkagi ehitada Suurt Pühamut, mis kujutab Tema au; Suur Pühamu saab kindlaks tõendiks, mis näitab Jumala väge ja au kogu maailmas.

Tänapäeval on maa peal palju suurepärased ja suurejoonelisi ehitisi. Inimesed investeerivad suuri rahasummasid ja ehitavad oma au jaoks ja soovi kohaselt ilusaid ehitisi, kuid keegi ei tee sedasama Jumalale, kes on tõesti austust väärt. Seega, Jumal tahab ehitada oma Püha Vaimu saanud ja pühitsetud laste kaudu ilusat ja suurejoonelist Suurt Pühamut. Siis tahab Ta, et kõikide rahvuste inimesed teda sellega õieti austaksid (1. Ajaraamat 22:6-16).

Sarnaselt, kui ilus Suur Pühamu ehitatakse Jumala soovi kohaselt, austavad kõik igast rahvusest inimesed Jumalat ja valmistavad end Isanda mõrsjaks, et Isandaga kohtuda. Sellepärast valmistas Jumal Suure Pühamu evangeliseerimise keskmesse, et arvukaid inimesi pääsemise teele juhatada ja neid aja lõpus Uude Jeruusalemma viia. Kui me mõistame Jumala ettehoolet, ehitame Suurt Pühamut ja austame Jumalat, tasub Ta meile tehtu kohaselt ja ehitab Uude Jeruusalemma samasuguse Suure Pühamu.

Seega, kui vaadata vääriskividest ja kullast valmistatud Suurt Pühamut, mida ei anna mingite maapealsete materjalidega võrrelda, on Taevasse minejad igavesti tänulikud Jumala armastuse eest, mis viis meid inimarengu kaudu au ja õnnistuse teele.

Vääriskivide ja kullaga ehitud taevased majad

Püha Vaimu lossi ümber on paljude eriliiki vääriskividega ehitud majad ja paljude majade ehitus on veel pooleli. Me näeme palju ingleid, kes töötavad ja asetavad ilusaid vääriskive siia ja sinna või koristavad majade krunti. Sedamoodi tasub Jumal igaühe tegude kohaselt ja paneb nad oma majadesse.

Jumal näitas mulle ükskord kahe väga ustava koguduse töötegija majasid. Üks neist on olnud koguduse jaoks jumalariigi eest päeval ja ööl palves olles suureks jõuallikaks ja tema maja on ehitatud palve ja püsivuse peale ja selle sissekäik on ehitud säravate vääriskividega.

Samuti on ta meeldivate omadustega arvestamiseks ühes aianurgas laud, mille ääres ta võib lähedastega teed juua. Tasandiku rohus on palju eriliiki ja erivärvi väikeseid lilli. See kirjeldab vaid selle inimese maja sissepääsu ja aeda. Kas te suudate ette kujutada, kuivõrd palju suurejoonelisem võib olla peahoone?

Teine maja, mida Jumal mulle näitas, kuulub töötegijale, kes pühendas end maa peal kirjanduse kaudu evangeeliumi kuulutamisele. Ma nägin peahoones paljude seast ühte tuba. Toas on laud, tool ja küünlajalg, mis on kõik tehtud kullast ja palju raamatuid. See on tema Jumala austuseks tehtud kirjanduse teel evangeeliumi kuulutamise töö tasuks ja meenutamiseks ja kuna Jumal teab, et talle meeldib väga lugeda.

Samuti ei valmista Jumal üksnes meie taevaseid majasid, vaid annab ka niisuguseid ilusaid asju, mida me ei suuda ette kujutada, et meile tasuda selle eest, et me loobusime sellest, mis meile maa peal meeldis ja pühendusime täielikult Jumala kuningriigi heaks.

3. Igavesti Isanda – meie peigmehega

Uue Jeruusalemma linnas peetakse pidevalt palju eriliiki pidusöömaaegu, kaasa arvatud need, mida korraldab Isa Jumal. Need on tolle jaoks, et Uues Jeruusalemmas elavad inimesed võiksid sinna kutsuda oma vendi ja õdesid, kes elavad muudes taevastes eluasemetes.

Kui auline ja õnnelik on Uues Jeruusalemmas elamise võimalus, kui Isand saab teid kutsuda, et te võiksite Tema armastusest ja meeldivatest pidusöömaaegadest osa saada!

Soe tervitus Isanda lossis

Kui Isand, kes on Uue Jeruusalemma inimeste Peigmees, kutsub neid, kaunistavad nad end kõige ilusama mõrsja kombel ja rõõmsa südamega, et koguneda Isanda lossi. Kui need Isanda mõrsjad saabuvad lossi, tervitavad neid viisakalt kaks inglit, kes on mõlemal pool säravat peaväravat. Sel ajal ümbritsevad nende ihu rõõmu lisamiseks lõhnad, mis tulevad paljude vääriskivide ja lilledega ehitud seinadest.

Peaväravast sisse minekul on pisut kuulda vaimu sügavaimat osa puudutavat kiituse heli. Siis täidab selle heli kuulmine inimeste südamed ülevoolava rahu, õnne ja tänuga Jumala armastuse eest, sest nad teavad, et Jumal juhatas nad sinna.

Kui nad kõnnivad peahoonesse jõudmiseks klaasjal kuldteel, saadavad neid inglid ja nad lähevad läbi paljude ilusate hoonete ja aedade. Peahoonesse jõudes tuksub nende süda Isandaga kohtumise ootuses. Peahoonele lähemale jõudes võivad nad näha nüüd, kuidas Isand ootab, et neid vastu võtta. Neil on pisarate tõttu raske näha, kuid nad jooksevad Isanda juurde, soovides siiralt Teda nii kiiresti kui võimalik näha. Isand ootab neid avali süli ja Tema nägu on täis armastust ja tasadust kui Ta embab igaüht nende seast.

Isand ütleb neile: „Tulge, mu ilusad mõrsjad! Te olete väga teretulnud!" Kutsutud tunnistavad Tema rinnal oma armastust ja ütlevad: „Ma olen kutse eest südamest tänulik!" Siis nad käivad Isanda käest kinni hoides siin ja seal ja on nagu sügavalt armunud paar ja nad vestlevad armsalt, nii nagu nad igatsesid oma maapealsel ajal Isandaga vestelda. Peahoonest paremal on suur järv ja Isand selgitab üksikasjalikult oma tunnete ja maapealse teenistusaja kohta.

Galilea merd meenutava järve ääres

Miks see järv meenutab neile Galilea merd? Jumal tegi selle järve mälestuseks, sest Isand alustas oma teenistust Galilea mere ääres ja teenis seal suure osa oma ajast (Matteuse 4:23). Jesaja 8:23 on kirjas: *„Aga ei jää pimedusse maa, kus on ahastus. Otsekui Jumal endisel ajal põlgas Sebulonimaad ja Naftalimaad, nõnda austab Ta tulevikus mereäärset teed, Jordani-tagust maad, paganate Galilead."* Prohvetikuulutus ütles, et Isand alustab oma teenistust Galilea mere äärest ja prohvetikuulutus täitus.

Selles suures järves ujub palju kalu, mis ergavad erineva valgusega värve. Johannese 21. peatükis ilmus ülestõusnud Isand Peetrusele, kes ei olnud püüdnud ainsatki kala ja ütles talle: *„Heitke noot paremale poole paati, siis te leiate!"* (6. salm) ja kui Peetrus selle sõna kohaselt tegi, püüdis ta 153 kala. Isanda lossi järves on samuti 153 kala ja see meenutab samuti Isanda teenistust. Kui need kalad õhku hüppavad ja teevad vaimustavaid trikke, muutuvad nende värvid väga paljudel viisidel, mis lisab kutsutuile veelgi rohkem rõõmu ja heameelt.

Isand kõnnib selle järve peal samamoodi nagu Ta käis maa peal Galilea merel. Siis seisavad kutsutud järve ümber ja tunnevad rõõmu ja igatsevad kuulda Isanda kõnet. Ta selgitab üksikasjalikult seda olukorda, kus Ta maa peal Galilea mere peal käis. Siis tunneb Peetrus, kes Jumala Sõna täites maa peal hetkeks vee peal käia sai, kurbust oma vähese usu tõttu vettevajumise pärast (Matteuse 14:28-32).

Muuseum, mis austab Isanda teenistust

Inimesed mõtlevad Isandaga paljude kohtade külastamise ajal oma maa peal kasvamisele ja mattuvad Taeva valmistanud Isa ja Isanda armastusse. Nad saabuvad muuseumisse, mis asub Isanda lossi peahoonest vasakul. Isa Jumal Ise ehitas selle Jeesuse maapealse teenistuse mälestuseks, et inimesed seda reaalselt näeksid ja tunneksid. Näiteks, see koht, kus Pontius Pilaatus Jeesuse üle kohut mõistis ja Via Dolorosa, kus Ta Kolgatale risti kandis, on samamoodi ehitatud. Kui inimesed näevad neid kohti, selgitab Isand neile üksikasjalikult selle aja olukordi.

Veidi aega tagasi sain ma Püha Vaimu sisenduse läbi teada, mida Isand sel ajal tunnistas ja ma tahaksin osa sellest teiega jagada. See on kogu oma taevase au jätnud ja maa peale alla tulnud Isanda südamest lähtunud tunnistus, mille Ta andis siis kui Ta ristiga Kolgatale läks.

Isa! Mu Isa!
Mu Isa, kes Sa oled täiuslik valguses,
Sa armastad tõesti kõike!
Maad, millele ma astusin
esmakordselt Sinuga
ja neid inimesi,
kes on loomisest peale
nüüd nii rikutuks saanud...

Nüüd ma mõistan,
miks Sa saatsid mind siia,
miks Sa lasid mul taluda neid raskusi,
mis tulid inimeste rikutud südamest,
ja miks Sa lasid tulla mind siia alla
aulisest kohast Taevas!
Nüüd ma võin tunda ja mõista
kõiki neid asju
sügaval oma südames.

Aga Isa!
Ma tean, et Sa taastad kõik
Oma õigluse ja varjule pandud saladustega.
Isa!
Kõik need asjad kestavad vaid hetke.
Aga au tõttu,
mille Sa annad mulle,
ja valguse teede tõttu,
mis Sa avad neile inimestele,

Taevas II

Isa,
Ma lähen ristile lootuse ja rõõmuga.

Isa, ma suudan minna seda teed,
sest ma usun.
Sa avad tee ja valguse
Oma loa ja armastusega
ja Sa lased paista oma Poega
ilusas valguses,
kus kõik need asjad lõpevad
üsna pea.

Isa!
Maa, millel ma käisin, on kullast,
teed, millel ma käisin, on samuti kullast
ja lillelõhnu, mida ma haistsin,
ei anna võrrelda
maapealsetega,
materjalid, millest olid mu riided,
mida ma kandsin,
on maapealsetest nii erinevad
ja koht, kus ma elasin,
on nii auline.
Ja ma tahaksin, et need inimesed
teaksid seda ilusat rahulikku kohta.

Isa,
Ma mõistan kogu Sinu ettehoolet.
Miks Sa mind sünnitasid,
miks Sa andsid mulle selle ülesande
ja miks Sa lasid mul siia alla tulla,

Võluv vaatepilt

et astuda selle rikutud maa peale
ja lugeda rikutud inimeste mõtteid.
Ma kiidan Sind, Isa
Sinu armastuse ja suuruse eest
ja kõigi veatute asjade eest.

Mu kallis Isa!
Inimesed arvavad, et ma ei kaitse ennast
ja väidan end juutide kuningas olevat.
Aga Isa,
kuidas nad saavad mõista mälestusi,
mis voolavad mu südamest,
mu südamest väljavoolavat armastust Isa vastu
ja armastust nende inimeste vastu,
mis mu südamest voolab?

Isa,
paljud mõistavad ja saavad aru
hiljem sündima hakkavatest asjadest
Püha Vaimu kaudu,
Kelle anni Sa neile annad
pärast minu minekut.
Selle hetkelise valu pärast,
ära vala pisaraid, Isa
ja ära pööra minult oma palet.
Ära lase valul täita oma südant,
Isa!

Isa, ma armastan Sind!
Kuniks mind lüüakse risti,
ma valan oma vere ja hingan viimast korda,

Isa, ma mõtlen kõigele sellele
ja nende inimeste südame peale.

Isa, ära kurvasta,
vaid ole austatud Poja kaudu
ja Isa ettehoole ja kõik plaanid
täituvad täielikult igavesest ajast igaveseks.

Jeesus selgitas, mis ta meeles toimus kui Ta ristil oli: taevane au; Tema Isa ees seismas; inimesed; põhjus, miks Isa pidi Talle selle ülesande andma ja nii edasi.

Need, keda kutsuti Isanda lossi, valavad seda kuuldes pisaraid ja tänavad Isandat nutuga, et Ta võttis nende eest risti kanda ja tunnistavad kogu südamest: „Mu Isand, Sina oled minu tõeline Päästja!"

Isanda raskuste meenutamiseks tegi Jumal Isanda lossi palju vääriskividest teid. Kui keegi kõnnib neil teedel, mis on ehitud paljude erivärvi vääriskividega, muutub valgus eredamaks ja näib, otsekui käidaks vee peal. Pealegi, Isa Jumal tegi inimolendite pattudest vabastamise lunastamiseks ristiloleku mälestuseks sinna vereplekkidega puust risti. Seal on ka Petlemma tall, kus Isand sündis ja seal on palju asju, mida näha ja mis aitavad Isanda teenistust reaalselt tunda. Kui inimesed neid kohti külastavad, võivad nad Isanda tööd elavalt näha ja kuulda, nii et nad võivad tunda Isanda ja Isa armastust sügavamalt ja neile igavesest ajast igavesti au ja tänu tuua.

4. Uue Jeruusalemma elanike au

Uus Jeruusalemm on Taeva kõige ilusam koht ja see antakse

tasuks neile, kelle süda on pühitsetud ja kes on olnud ustavad kogu Jumala kojas. Johannese ilmutuses 21:24-26 öeldakse, missugused inimesed pälvivad Uude Jeruusalemma sisenemise au:

Rahvad hakkavad käima Tema valguses ning ilmamaa kuningad toovad sinna oma hiilguse. Tema väravaid ei lukustata päeval, ent ööd seal ei olegi. Ja rahvaste hiilgus ja au kantakse sinna sisse.

Rahvad käivad Tema valguses

Siin tähistavad „rahvad" kõiki päästetud inimesi, hoolimata nende etnilisest tagataustast. Kuigi inimeste kodakondsus, rass ja muud omadused erinevad isikuti, kui nad on Jeesuse Kristuse läbi päästetud, saavad nad kõik Jumala lasteks ja taevariigi kodakondseteks.

Seega, fraas „rahvad käivad selle valguses" tähendab et kõik Jumala lapsed käivad Jumala auvalguses. Kuid kõikidel Jumala lastel ei ole au Uue Jeruusalemma linna vabalt tulla. See on nii, kuna need inimesed, kes viibivad paradiisis ja esimeses, teises või kolmandas taevariigis, võivad Uude Jeruusalemma vaid kutse alusel minna. Ainult neil, kes said täiesti pühitsetud ja olid ustavad kogu Jumala koja üle, on au näha Isa Jumalat Uues Jeruusalemmas igavesti palgest palgesse.

Ilmamaa kuningad toovad oma hiilguse

Fraas „ilmamaa kuningad" tähistab neid, kes olid maapealsed vaimsed juhid. Nad säravad nagu Uue Jeruusalemma müüride kaheteistkümne aluskivi vääriskivid ja neil on linnas alaliselt elamiseks vajalikud omadused. Samamoodi toovad Jumala poolt tunnustatud inimesed neie lisaks Tema ees seistes kogu südamest valmistatud ohvriande. „Ohvriandide" all mõtlen ma kõike, millega nad oma kristallpuhtas ja – selges südames Jumalat austasid.

Seega tähendab, et „ilmamaa kuningad toovad sinna oma hiilguse," et nad valmistavad ohvriandideks kõik asjad, mida nad on jumalariigi heaks kirglikult teinud ja millega nad on Teda austanud ning lähevad nendega Uude Jeruusalemma.

Selle maa kuningad toovad suuremate ja tugevamate riikide kuningate meelitamiseks ohvriande, aga inimesed toovad Jumalale ohvrianni, tänades selle eest, et Ta juhtis nad pääsemise ja igavese elu teele. Jumal võtab selle ohvrianni rõõmuga vastu ja tasub neile igavesti Uue Jeruusalemma linnas viibimise auga.

Uues Jeruusalemmas ei ole pimedust, sest seal on Jumal, kes on valgus Ise. Kuna seal pole ööd, kurja, surma ega vargust, ei ole Uue Jeruusalemma väravate sulgemiseks vajadust. Aga Pühakirjas räägitakse „päevaajast," kuna meil on Taevast aru saamiseks vaid piiratud teadmised ja võimekus.

Rahvaste hiilguse ja au kandmine

Mida tähendab siis fraas „rahvaste hiilgus ja au kantakse sinna sisse"? „Nad" tähistab siin kõiki neid, kes on maa rahvaste hulgast päästetud saanud ja „rahvaste hiilgus ja au kantakse sinna sisse" tähendab, et need inimesed tulevad Uude Jeruusalemma asjadega, millega nad austasid Jumalat, sel ajal kui nad maa peal Jeesuse Kristuse lõhna levitasid.

Kui laps õpib palju ja ta hinded paranevad, kiitleb ta oma vanemate ees. Vanemad rõõmustavad temaga, sest nad on uhked oma lapse suure töötegemise tõttu, isegi kui laps ei pälvi parimaid hindeid. Samamoodi, sel määral, mil me oleme maa peal jumalariigis usu kaudu tegevad, eritame me Jeesuse Kristuse head lõhna ja austame Jumalat ja Tema võtab selle rõõmuga vastu.

Ülal mainiti, et „ilmamaa kuningad toovad sinna oma hiilguse" ja „ilmamaa kuningaid" mainitakse esiteks selleks, et näidata vaimset korda või järjestust, mille alusel inimesed Jumala ette tulevad.

Need, kes on kvalifitseeritud päikesesarnase auhiilgusega Uude Jeruusalemma igavesti jääma, lähevad Jumala ette esimesena, pärast neid tulevad vastava auga inimesed, kes pääsesid kõikide rahvaste hulgast. Me peame aru saama, et kui meil pole Uues Jeruusalemmas igavesti elamiseks vajalikke tingimusi, võime me seda linna vaid vahel külastada.

Need, kes ei saa kunagi Uude Jeruusalemma minna

Armastuse Jumal tahab, et kõik saaksid päästetud ja tasub igaühele tema tegude kohaselt eluaseme ja taevaste tasudega. Sellepärast saavad need, kes ei vasta Uude Jeruusalemma sisenemise tingimustele, minna oma usumõõdu kohaselt vastavalt kas kolmandasse, teise või esimesse taevariiki või paradiisi. Jumal korraldab spetsiaalseid pidusöömaaegu ja kutsub inimesi Uude Jeruusalemma, et nad võiksid samuti linna toredusest osa saada.

Aga te võite näha, et leidub inimesi, kes ei saa kunagi minna Uude Jeruusalemma, isegi kui Jumal neile halastada tahab. Nimelt need, kes ei võtnud päästmist vastu, ei saa kunagi näha Uue Jeruusalemma au.

Sinna ei saa midagi, mis on rüve, ega keegi, kes teeb jäledusi ja valet, vaid üksnes need, kes on kirjutatud Talle eluraamatusse (Johannese ilmutus 21:27).

„Rüve" viitab siin oma huvide ja hüvede taotlemiseks teiste üle kohtumõistmisele ja nende hukkamõistmisele. Sedalaadi isik võtab omale kohtumõistja rolli ja mõistab teisi oma tahte kohaselt hukka, selle asemel, et neist aru saada. „Jäledus" viitab siin kõigile tegudele, mis tulevad kahemeelselt jäledast südamest. Kuna niisugustel inimestel on isemeelne ja püsimatu süda ja mõtlemine, tänavad nad vaid siis, kui nad saavad oma palvetele vastused, kuid kurdavad ja hädaldavad varsti, kui neil on katsumused. Sarnaselt petavad need, kellel on häbiväärne süda, oma südametunnistust ja ei kõhkle oma huvide taotlemiseks oma meelt muuta.

„Valetav" isik on see, kes end ja oma südametunnistust petab ja me peame teadma, et niisugune pettus saab saatana lõksuks. On mõned valetajad, kes valetavad harjumuspäraselt ja teised, kes räägivad valet kellegi muu heaks, aga Jumal tahab, et me saaksime ka niisugustest valedest vabaks. On inimesi, kes teevad teistele valetunnistuse andmisega kahju ja niisugused inimesed, kes kurjade kavatsustega teisi petavad, ei pääse. Peale selle, neid, kes Püha Vaimu või Jumala tegudes petavad, peetakse samuti „valelikeks." Juudas Iskariot, üks Jeesuse kaheteistkümnest jüngrist, vastutas rahakoti eest ja pettis pidevalt Jumala töös, varastades varalaekast ja tehes muid patte. Kui saatan lõpuks temasse sisenes, müüs ta Jeesuse kolmekümne hõbetüki eest ja lõpetas igavesti mahajäetuna.

On inimesi, kes näevad oma silmaga, kuidas haiged saavad Püha Vaimu läbi Jumala väega terveks ja kurjad vaimud aetakse välja, kuid kes salgavad ikka neid tegusid ja kutsuvad neid selle asemel saatana omadeks. Need inimesed ei saa Taevasse minna, kuna nad pilkavad Jumalat ja räägivad Püha Vaimu vastu. Me ei peaks Jumala ees mingis olukorras valet rääkima.

Eluraamatust nimede kustutamine

Kui me saame usu läbi päästetud, pannakse me nimed Talle Eluraamatusse kirja (Johannese ilmutus 3:5). Aga see ei tähenda, et kõik, kes Jeesuse Kristuse vastu võtavad, pääsevad. Me võime tegelikult pääseda vaid siis, kui me teeme Jumala Sõna järgi ja oleme oma südame ümberlõikamise kaudu Isanda südame sarnased. Kui me ikkagi teeme väärust ka pärast Jeesuse Kristuse vastuvõtmist, kustutatakse meie nimed Eluraamatust ja lõpuks me isegi ei pääse.

Selle kohta räägitakse Johannese ilmutuses 22:14-15, et õndsad on need, kes pesevad oma rüüd ja need, kes oma rüüd ei pese, ei pääse:

> *Õndsad on need, kes oma rüüd pesevad, et neil oleks meelevald süüa elupuust ning nad võiksid minna väravaist linna sisse! Väljaspool on koerad ja nõiad ja hoorajad ja mõrtsukad ja ebajumalateenijad ning kõik, kes valet armastavad ja teevad.*

„Koerad" tähistab siin inimesi, kes teevad pidevalt väärust. Need, kes ei pöördu oma kurjadest tegudest, vaid teevad pidevalt kurja, ei saa kunagi päästetud. Need on nagu koerad, kes oma okse juurde naasevad ja nagu orikad, kes lähevad pärast pesemist mudasse püherdama. See on nii, kuna nad näisid olevat vabaks saanud oma kurjusest, aga püsivad oma kurjade viiside juures ja näib, et nad muutuvad paremaks, ent nad naasevad kurja juurde.

Aga Jumal tunnustab head teha püüdjate usku, isegi kui nad ei suuda veel täielikult Jumala Sõna alusel tegevad olla. Lõpuks saavad nad päästetud, sest nad muutuvad ikka veel ja Jumal võtab nende püüdlusi usuna.

„Nõiad" tähistab „võlukunstiga tegelejaid." Nad teevad jõledust ja panevad teised inimesed valejumalaid kummardama. See on Jumala ees üliväga jõle.

„Hoorajad" rikuvad abielu, isegi kui neil on abielunaine või –mees. Lisaks füüsilisele abielurikkumisele on olemas ka vaimne abielurikkumine, mis tähendab Jumalast millegi rohkem armastamist. Kui inimene, kes koges elavat Jumalat ja mõistis Tema armastust, pöördub ikkagi raha ja perekonna taoliste maailmalike asjade armastuse poole ja armastab neid Jumalast rohkem, sooritab see inimene vaimse abielurikkumise ja ei ole Jumala ees õige.

„Mõrtsukad" sooritavad füüsilisi või vaimseid mõrvasid. Kui te teate „mõrva" vaimset tähendust, ei suuda te tõenäoliselt julgelt öelda, et te pole kedagi mõrvanud. Vaimne mõrv tähendab Jumala laste patustama ja oma igavest elu kaotama panekut (Matteuse 18:7). Kui te tekitate teistele mingi tõele vastu mineva asjaga valu, on tegu ka vaimse mõrvaga (Matteuse 5:21-22).

Samuti on vaimne mõrv vihkamine, kadestamine ja armukadedus, kohtumõistmine, hukkamõist, vaidlemine, vihastamine, petmine, valetamine, lahknemised ja lõhed, laim ja armastuse ja halastuseta olek (Galaatlastele 5:19-21). Kuid vahel mõned inimesed kaotavad oma kurjuse tõttu jalgealuse. Näiteks, kui nad jätavad Jumala, kuna keegi nende koguduses valmistab neile pettumuse, tuleb see nende endi kurjast. Kui nad oleksid Jumalat tõesti uskunud, ei oleks nad oma jalgealust kunagi kaotanud.

Ka „ebajumalakummardajad" on miski, mida Jumal vihkab kõige rohkem. Ebajumalakummardamisel on füüsiline ja vaimne vorm. Füüsilise ebajumalakummardamise käigus tehakse kujuta Jumalast kuju ja kummardatakse seda (Jesaja 46:6-7). Vaimne ebajumalakummardamine tähendab, et midagi armastatakse Jumalast rohkem. Kui keegi armastab oma abikaasat või lapsi rohkem kui Jumalat ja järgib oma soove või rikub Jumala käske, armastades raha, kuulsust või teadmisi rohkem kui Jumalat, on tegu vaimse ebajumalakummardamisega.

Niisugused inimesed, hoolimata sellest, kui palju nad võivad hüüda „Isand, Isand" ja koguduses käia, ei pääse ja ei saa Taevasse minna, sest nad ei armasta Jumalat.

Seega, kui te võtsite Jeesuse Kristuse vastu, saite Jumala annina Püha Vaimu ja teie nimi pandi Eluraamatusse kirja, palun pidage meeles, et te võite Taevasse minna ja Uude Jeruusalemma edasi liikuda vaid siis, kui te Jumala Sõna alusel tegutsete.

Uus Jeruusalemm on koht, kuhu võivad minna ainult need, kes on oma südames täielikult pühitsetud ja ustavad kogu Jumala kojas.

Teisest küljest, need, kes Uude Jeruusalemma lähevad, saavad Jumalaga palgest palgesse kohtuda, Isandaga armsaid vestlusi pidada ja tunda rõõmu kirjeldamatust austusest ja aust. Teisalt, need, kes viibivad paradiisis, esimeses, teises või kolmandas taevariigis, võivad Uue Jeruusalemma linna minna ainult siis, kui neid kutsutakse erilistele pidusöömaaegadele, kaasa arvatud need, mida Isa Jumal korraldab.

8. peatükk

„Ma nägin püha linna, Uut Jeruusalemma"

1. Kirjeldamatult suured taevased majad
2. Täiesti privaatne suurejooneline loss
3. Taevased vaatamisväärsused

> Õndsad olete teie, kui teid minu pärast laimatakse ja taga kiusatakse ja teist valega kõiksugu kurja räägitakse. Olge rõõmsad ja hõisake, sest teie palk on suur Taevas! Just samamoodi on taga kiusatud ka prohveteid enne teid.
>
> - Matteuse 5:11-12 -

Uue Jeruusalemma linnas ehitatakse taevaseid majasid selleks, et seal võiksid hiljem elada inimesed, kelle süda sarnaneb täiesti Jumala südamele. Peainglid ja ehituse eest vastutavad inglid ehitavad need Isanda ülevaatusel iga omaniku maitse kohaselt. Seda eelist võivad kogeda vaid need, kes lähevad Uude Jeruusalemma. Vahel annab Jumal Ise peainglile korralduse mõnele teatud isikule spetsiaalse maja ehitamiseks, et see tehtaks täpselt omaniku maitse kohaselt. Ta ei unusta isegi ainsat pisarat, mida Ta lapsed Ta riigi eest valasid ja tasub neile ilusate vääriskividega.

Matteuse 11:12 räägib Jumal selgelt, et me võime saada parema taevase koha sel määral, mil me võidame vaimsed lahingud ja küpseme usus:

Ristija Johannese päevist tänini rünnatakse taevariiki ja ründajad kisuvad selle endale.

Armastuse Jumal juhatas meid palju aastaid Taevasse jõuliselt edasi liikuma ja näitas meile selgelt Uue Jeruusalemma taevaseid majasid, sest meile kohti valmistama läinud Isanda tagasitulek on väga lähedal.

1. Kirjeldamatult suured taevased majad

Uues Jeruusalemmas on palju kirjeldamatult suuri ilusaid majasid. Nende hulgas on üks ilus suurejooneline maja, mis on avarale alale ehitatud. Selle keskel on ümar, suur ja ilus kolmekorruseline loss ja lossi ümber on palju ehitisi ja nauditavaid asju ning lõbustuspargis leiduvate laadseid atraktsioone, mis annavad sellele kohale maailmakuulsa turismimagneti välimuse. Tõeliselt üllatab aga see, et niisugune linnataoline taevane maja kuulub maa peal kasvanud inimesele!

Õndsad on tasased, sest nemad pärivad maa

Kui me oleme maa peal finantsiliselt võimekad, võime me osta suure maatüki ja ehitada sinna oma soovi kohaselt ilusa maja. Aga Taevas ei saa me hoolimata oma varast maad osta ega maju ehitada, sest Jumal tasub meile maa või majadega meie tegudele vastavalt.

Matteuse 5:5 öeldakse: *„Õndsad on tasased, sest nemad pärivad maa.“* Sõltuvalt sellest, mil määral me Isandale sarnanema ja maa peal vaimset tasadust saame, võime me Taevas „maad pärida,“ sest vaimselt tasased võivad aktsepteerida kõiki inimesi ja nad võivad leida tema juurde tulles rahu ja tröösti. Ta on igasugustes oludes kõikidega rahus, sest ta süda on pehme ja tasane nagu ebe.

Aga kui me kaasinimestega rahus olemise nimel maailmaga kompromissile ja tõe vastu läheme, ei ole üldsegi tegu vaimse tasadusega. Tõeliselt tasane inimene ei aktsepteeri vaid paljusid pehme sooja südamega, vaid on tõe eest oma elu ohustades ka piisavalt vapper ja tugev.

Niisugune inimene võib paljude südame võita ja viia nad päästeteele ja paremasse taevasesse kohta, sest tal on armastus ja tasadus, mistõttu tal võib olla suur taevane maja. Seega kuulub ülalkirjeldatud maja tõeliselt tasasele inimesele.

Linnasugune maja

Selle maja keskel on suur loss, mis on ehitud paljude

vääriskivide ja kullaga. Selle katus on tehtud ümaratest karneoolidest ja see särab väga eredalt. Särava ereda lossi ümber voolab Eluvee jõgi, mis lähtub Jumala aujärjelt ja paljud ehitised annavad sellele suurlinna välimuse. Samuti on seal kulla ja paljude vääriskividega ehitud lõbustuspargi atraktsioonid.

Avara maa ühel küljel on metsad, tasandik ja suur järv ja teisel küljel hiigelsuured mäekünkad, kus on palju eriliiki lilli ja veejugasid. Samuti on seal meri, mille pinnal seilab tohutusuur Titanic'u taoline kruiisilaev.

Teeme nüüd selles hiilgavas kojas tutvumiskäigu. Selle neljal küljel on kaksteist väravat ja peaväravast läbi minnes näeme me keskel asuvat põhilossi.

Peavärav on paljude vääriskividega ehitud ja kaks inglit valvavad seda. Nad on maskuliinsed ja paistavad väga tugevad. Nad seisavad ja ei pilguta silma ning nende ilmne väärikus annab neile väga juurdepääsmatu väljanägemise.

Mõlemal pool väravat on ümarad suured sambad. Paljude vääriskivide ja lilledega kaunistatud müürid näivad lõpmatud. Kui inglite poolt automaatselt avatud väravast siseneda, võib näha kaugel asuvat suurt punase katusega lossi, kust paistab ilus valgus.

Samuti kui te näete palju erisuuruses ja paljude vääriskividega ehitud maju, tunnete te tahtmatut sügavat meeleliigutust teile kolmekümne-, kuuekümne- või sajakordselt tehtu ja ohvriks toodu eest tasuva Jumala armastuse tõttu. Te olete tänulik, et Ta andis oma ainusündinud Poja, et viia teid pääsemise ja igavese elu teele. Sellele lisaks valmistas Ta teile niisugused ilusad taevased majad ja te süda täitub ülevoolava tänu ja rõõmuga.

Samuti täitub teie vaim kirjeldamatu rahu ja õnnetundega tasase, selge ja ilusa kiituse kõla tõttu, mida võib kõikjal lossi ümbruses kuulda ja teid valdavad tunded:

Kaugel eemal mu vaimu sügavuses täna
kõmiseb laulust armsam viis;
Taevalikus pinges see lakkamatult langeb
mu hinge üle nagu lõpmatu vaikus.
Rahu! Rahu! Imeline rahu
tuleb ülevalt, Isa käest!
Ma palun uhu igavesti üle mu vaim,
põhjatute armastuse voogudega.

Kuldteed, mis on läbipaistvad nagu klaas

Läheme nüüd kuldteed mööda keskel asuvasse suurde lossi. Peasissekäigust sisenedes tervitavad külalisi mõlemal pool teed olevad kullast ja vääriskividest, isuäratavate vääriskiviviljadega puud. Külastajad võtavad siis vilja. Vili sulab suus ja on nii maitsev, et kogu ihu saab sellest energiat ja rõõmu.

Kuldtee mõlemal pool teretavad ja tervitavad külalisi oma lõhnaga mitmevärvilised ja mitmes suuruses lilled. Nende taga on kuldne rohukamar ja paljud puuliigid, mis täiendavad ilusat aeda. Ilusates vikerkaarevärvides lilled näivad valgust andvat ja iga lill eritab oma ainulaadset lõhna. Mõnel neist lilledest istuvad ja vestlevad omavahel vikerkaarevärvides liblikate laadsed putukad. Puudel ripuvad läikivate okste ja lehtede seas paljud isuäratavad viljad. Paljud kullakarvaliste sulgedega linnuliigid istuvad puudel ja laulavad, et muuta vaade rahulikuks ja õnnelikuks. Ka loomad uitavad rahulikult ringi.

Pilveauto ja kuldvanker

Nüüd seisate te teise värava juures. Maja on nii suur, et peavärava sees on teine värav. Teie silmade ees on avar ala, mis sarnaneb garaažile, kuhu on pargitud paljud pilveautod ja kuldvanker ja see uskumatu vaatepilt täidab teid tunnetega.

Kuldvanker on ehitud suurte teemantide ja vääriskividega ning on majaomaniku oma, sellesse mahub üks inimene. Kui vanker liigub, särab see paljude sätendavate vääriskivide tõttu nagu langev täht ja selle kiirus on palju suurem kui pilveauto oma.

Pilveautot ümbritsevad puhtad valged pilved ja paljudes värvides ilusad valgused, sellel on neli ratast ja tiiba. Sõiduk sõidab maa peal ratastel ja lennates tõmbuvad rattad automaatselt sisse ja tiivad sirutuvad välja, nii et see võib vabalt sõita ja lennata.

Kui suur õigus ja au on Isandaga pilveautodes taevaste vägede ja inglite saatel paljudesse eri kohtadesse reisida? Kui iga Uude Jeruusalemma mineja saab omale pilveauto, siis kujutage ette kui palju selle koja omanikule tasuti, kuna tema garaažis on palju pilveautosid.

Suur loss, mis asub keskel

Kui te saabute pilveautos suure ilusa lossi juurde, võite te näha karneoolkatusega kolmekorruselist ehitist. See hoone on nii ülisuur, et seda ei saa ühegi maapealse hoonega võrrelda. Näib, et kogu loss pöörleb aeglaselt ja sellest hoovab hiilgavat valgust ning see ere valgus tekitab tunde, otsekui oleks loss elav. Puhas kuld ja jaspis ergavad hiilgavalt selget ja läbipaistvat kuldset sinaka tooniga valgust. Kuid sellest ei saa läbi vaadata ja see paistab nagu liitekohtadeta skulptuur. Müürid ja nende äärses olevad lilled eritavad häid lõhnu, mis lisavad sõnulseletamatut õnne ja rõõmu. Erisuuruses lilled loovad suurepärase maastiku ja nende erinevad kujud ja lõhnad moodustavad suurepärase kombinatsiooni.

Mis põhjusel siis Jumal andis niisuguse tohutu maatüki ja

Taevas II

suurejoonelise ilusa maja? Jumal tegi seda, kuna Tal ei jää kunagi midagi tähelepanuta ja Ta ei unusta midagi, mida Ta lapsed Tema riigi ja õigsuse jaoks maa peal tegid ja tasub neile rohkesti.

Ma rõõmustan taas ja taas
Oma armsamast.
Ta armastas mind nii palju,
et ta andis enesest kõik.
Ta armastas mind rohkem kui
ta vanemad või vennad,
Ta ei säästnud oma lapsi
ja ta pidas oma elu väärtusetuks
ning loovutas selle mulle.

Tema silmad nägid alati vaid mind.
Ta kuulas täiesti mu Sõna.
Ta otsis üksnes minu au.
Ta oli ainult tänulik
ka siis kui ta kannatas ebaõiglaselt.
Isegi keset tagakiusu
palvetas ta armastusega
oma tagakiusajate eest.
Ta ei hüljanud kunagi kedagi
ka siis kui teda reedeti.
Ta täitis oma kohuse rõõmuga
ka siis kui ta tundis talumatut kurbust.
Ja ta päästis palju hingi
Ja tegi täiesti mu tahet,
kandes rinnus mu südant.

Kuna ta tegi minu tahet

ja armastas mind nii palju,
valmistasin ma talle
selle suurejoonelise toreda maja
Uues Jeruusalemmas.

2. Täiesti privaatne suurejooneline loss

Nagu võib näha, kannavad Jumala puudutust eriti Tema poolt väga armastatud inimeste majad. Seetõttu on neis majades erinev ilu ja valguse tase, võrreldes isegi Uues Jeruusalemmas olevate muude majadega.

Suur keskse asetusega loss on koht, kus omanik võib olla täiesti omaette. See on tema tegude ja pisarsilmi jumalariigi eest tehtud palvete eest tasuks ja seetõttu, et ta valvas päeval ja ööl hingede järele ja tal puudus oma eraelu, mida ta oleks võinud nautida.

Tema lossi üldises ehitusplaanis on lossi keskel põhihoone ja lossil on kaks müürikihti. Keskmises osas on lisamüür keskel asuva põhihoone ja välimise müüri vahel. Seega, kogu loss on jagatud lossi sisemiseks ja välimiseks osaks, mis asetsevad vastavalt põhihoonest keskel oleva müürini ja keskel olevast müürist välimise müürini.

Seega, lossi põhihoonesse pääsemiseks tuleb meil minna läbi peavärava ja siis veel kord läbi keskel asetsevas müüris oleva värava. Välimises müüris on palju väravaid ja see värav, mis on põhihoone fassaadiga ühel joonel, on peavärav. Peavärav on ehitud erinevate kalliskividega ja seda valvavad kaks inglit. Kaks inglit on meesterahva näoga ja näivad väga tugevad olevat. Nad ei pilguta isegi valves olles silma ja nende väärikust on tunda.

Peavärava mõlemal pool on suured silindrikujulised sambad.

Seinad on ehitud kalliskivide ja lilledega ja nad on nii pikad, et nende lõppu pole näha. Me läheme inglite juhatusel automaatselt avanevast peaväravast läbi ja meid valgustavad eredad ilusad valgused. Seal on ka otse peaväravani ulatuv kristaljas kuldtee.

Kuldteed mööda minnes jõuame me teise väravani. See värav asub lossi sisemist ja välimist osa eraldavas keskmises müüris. Sellest teisest väravast läbi minnes tuleb maapealse hiigelsuure parkimisplatsi sarnane plats. Siia on pargitud arvukad pilvesarnased autod. Seal on ka pilveautode sarnane kuldne kaarik.

Selle lossi põhihoone on nii suur, et see on igast maapealsest hoonest suurem. See on kolmekorruseline hoone. Iga korrus hoones on silindrikujuline ja iga korruse ala muutub ühelt korruselt teisele liikudes väiksemaks. Katus on sibulakujulise kupli taoline.

Põhihoone müürid on puhtast kullast ja jaspisest. Seega, sinakast valgusest ja selgest läbipaistvast kuldsest valgusest paistavad väga suurepärased harmoonilised valgused. Valgus on nii intensiivne, et tundub nagu hoone oleks elus ja liiguks. Kogu hoonest paistab eredaid valgusi ja näib, nagu see tiirleks aeglaselt.

Läheme nüüd sellesse suurde lossi!

Kaksteist väravat lossi peahoonesse minekuks

Peahoonesse sisenemiseks on kaksteist väravat. Kuna peahoone on nii suur, on väravad üksteisest üsna kaugel. Väravad on kaarekujulised ja igaühele on graveeritud võtmepilt. Võtmepildi alla on taevase tähestikuga kirjutatud värava nimi. Need tähed on kalliskividega kirjutatud ja iga värav on ühe konkreetse kalliskiviga kaunistatud.

Nende all on selgitused, miks iga väravat nimetatakse niimoodi. Isa Jumal on kokku võtnud, mida majaomanik maa

„Ma nägin püha linna, Uut Jeruusalemma"

peal tegi ja seda kaheteistkümne värava peal väljendanud.

Esimene värav on „päästevärav." Sellel selgitatakse, kuidas selle omanik oli väga paljude inimeste karjane ja juhatas arvukad hinged kogu maailmas pääsemisele. Päästevärava kõrval asub „Uue Jeruusalemma värav." Värava nime all selgitatakse, et omanik juhatas nii palju hingi Uude Jeruusalemma.

Järgmisena tulevad „väeväravad." Esiteks, nelja väetasandi jaoks on neli väravat ja siis tuleb loomisväe värav ja kõigekõrgema loomisväe värav. Nende väravate peal selgitatakse, kuidas igat liiki vägi tegi väga paljusid inimesi terveks ja tõi Jumalale au.

Üheksas on „ilmutuse värav" ja sellel väraval on selgitatud, et omanik sai väga palju ilmutust ja selgitas Piiblit väga selgelt. Kümnes on „saavutuste värav." See on saavutuste nagu näiteks Suure pühamu ehituse mälestamiseks.

Üheteistkümnes on „palvevärav." See värav räägib meile, kuidas selle omanik palvetas kogu oma eluaja, et täita Jumala tahet armastusest Jumala vastu ja kuidas ta leinas ja palvetas hingede eest.

Viimane – kaheteistkümnes värav – on värav, mille tähendus on „võit vaenlase kuradi, saatana üle." Sellel väraval selgitatakse, et omanik võitis kõik usu ja armastusega, kui vaenlane kurat ja saatan püüdis talle kahju teha ja teda meeleheitele ajada.

Seinadel on erilised graveeringud ja mustrid

Puhtast kullast ja jaspisest müürid on täis mustreid, kust

peegelduvad kirjutised ja joonistused. Iga üksikasi tagakiusust ja pilkamisest, millega ta jumalariigi pärast silmitsi seisis ja kõik teod, millega ta Isandat austas, on salvestatud. Veelgi hämmastavam on see, et Jumal Ise graveeris luuleread ja tähtedest hoovab ilusat säravat valgust.

Kui ühest neist väravatest lossi sisse minna, võib näha esemeid, mis on palju ilusamad väljaspool nähtutest. Vääriskividest tulev valgus kattub kaks-kolm korda ja annab väga uhke väljanägemise.

Sissekirjutused omaniku pisarate, püüete ja maapealsete pingutuste kohta on nikerdatud ka siseseinadele ja neist tuleb väga hiilgavat valgust. Tema tõsised öö otsa jumalariigi eest tehtud palvekorrad ja tema hingede eest toodud joogiohvri puhas hea lõhn on kirja pandud luuletuse kujul ja sellest lähtub ilus valgus.

Aga Isa Jumal on suurema osa sissekirjutuste üksikasjad nii varjanud, et Jumal Ise saab neid omaniku saabumisel talle näidata. Jumal tegi nii, et Ta võiks selle inimese Isa sügavate tunnete ja pisaratega austava südame vastu võtta kui Ta näitab talle neid kirjutisi ja ütleb: „Ma valmistasin selle sinule."

Kui isegi selles maailmas kedagi armastada, kirjutavad mõned inimesed selle inimese nime korduvalt. Nad kirjutavad selle nime märkmena üles või päevikusse või lõikavad selle isegi puudesse või raiuvad kivide peale. Nad ei oska oma armastust väljendada ja seega nad lihtsalt kirjutavad pidevalt armastatud inimese nime.

Samamoodi on nelinurkse kujuga kuldplaat, millel on vaid kolm sõna. Need kolm sõna on: „Isa", „Isand" ja „mina." Majaomanik ei suutnud oma armastust Isa ja Isanda vastu sõnades lihtsalt väljendada. See näitab ta südant niimoodi.

Kohtumised ja pidusöömaajad esimesel korrusel

See loss ei ole teistele suurema osa ajast avatud, kuid see on avatud siis, kui seal peetakse pidusöömaaegu või balle. Seal on väga suur saal, kuhu võib koguneda lugematu arv inimesi, et pidusöömaaega pidada. Seda kasutatakse samuti kohtumiskohana, kus omanik jagab armastust ja rõõmu ja vestleb külalistega.

Saal on ümar ja nii suur, et ühest otsast teise ei näe. Põrand on valkjat värvi ja väga sile. Selles on palju vääriskive ja see särab eredalt. Saali keskel on kolmetasandiline kroonlühter, mis lisab ruumi väärikust ja seinade külgedel on palju kuldseid erisuurusega lühtreid, mis lisab saalile ilu. Samuti on saali keskel ümar lava ja palju laudasid on mitmekordselt lava ümber asetatud. Kutsutud istuvad korrakohaselt ja vestlevad sõbralikult.

Kõik hoonesisesed kaunistused on tehtud omaniku maitse kohaselt ja neil on väga ilusad ja peened valgustused ja kujud. Igas seal sisalduvas vääriskivis on Jumala puudutus ja hooneomaniku korraldatud pidusöögile kutse on suur au.

Salaruumid ja vastuvõtutoad teisel korrusel

Selle suure lossi teisel korrusel on palju tube ja igas toas on saladus, mida alles Taevas ilmutatakse täielikult ja millega Jumal tasub iga omaniku tegude eest. Teatud toas on arvukaid eriliiki kroone ja see on nagu muuseum. Paljud kroonid, kaasa arvatud kuldkroon, kuldkaunistusega kroon, kristallkroon, pärlikroon, lillkaunistusega kroon ja paljud muud kroonid, mis on paljude erinevate vääriskividega kaunistatud, on korralikult paigutatud. Neid kroone antakse tasuks iga kord kui omanik teeb midagi jumalariigi heaks ja toob Jumalale maa peal au ja nende suurused ja kujud ning materjalid ja kaunistused on kõik erinevad, et näidata erinevat au. Samuti on seal suured ruumid, mis on riidekappide eest ja vääriskividest ehete hoidmiseks ja inglid hoiavad neid ja kannavad nende eest eriliselt hoolt.

Seal on ka kena nelinurkne tuba, kus ei ole palju kaunistusi ning mida kutsutakse „Palvetoaks". See anti omanikule, sest ta palvetas maa peal olles palju. Pealegi on veel tuba, kus on mitu televiisorikomplekti. Seda tuba kutsutakse „Agoonia ja leina toaks" ja siin võib omanik vaadata kõiki oma maapealse elu asju, mil iganes ta seda teha soovib. Jumal talletas iga viimase kui hetke ja sündmuse omaniku elus, sest ta kannatas tohutult Jumala tööd tehes ja teenides ja valas hingede eest palju pisaraid.

Teisel korrusel on ka ilusalt kaunstatud koht, kus prohveteid vastu võtta ja seal saab omanik prohvetitega oma armastust jagada ja nendega sõbralikult vestelda. Ta võib kohtuda prohvetitega nagu Eelija, kes võeti kaariku ja tuliste hobustega Taevasse, Eenokiga, kes käis Jumalaga 300 aastat, Aabrahamiga, kes oli Jumalale oma usuga meeltmööda, Moosesega, kes oli alandlikum kõigist maapealsetest inimestest, igavesti kirgliku apostel Pauluse ja teistega ja nautida nendega vestlusi nende elu ja maapealsete olude kohta.

Kolmas korrus on reserveeritud Isandaga armastuse jagamiseks

Suure lossi kolmas korrus on kaunistatud väga imeliselt Isanda vastuvõtmiseks ja Temaga armsate jutuajamiste pidamiseks, mis võivad kesta nii kaua kui võimalik ja mida võib teha võimalikult palju. See anti omanikule, sest ta armastas Isandat rohkem kui kedagi teist ja püüdis Tema tegudele sarnaneda, ta luges nelja evangeeliumi ja teenis ja armastas kõiki nii nagu Isand teenis oma jüngreid. Pealegi palvetas ta palju pisaraid valades, et saada Isanda kombel Jumala vägi arvukate hingede viimiseks pääsemise teele ja tema läbi võis tegelikult näha loendamatuid tõendeid elavast Jumalast. Iga kord kui ta mõtles Isandale, valas ta pisaraid ja ta ei saanud paljudel öödel magada, sest ta tundis Isandast tõsiselt puudust. Samuti palvetas omanik väga paljudel kordadel öö läbi, nii nagu Isand, kes palvetas kogu öö ning ta püüdis anda endast parimat, et teha jumalariigi jaoks täielikke tegusid.

Kui rõõmus ja õnnelik ta on, kui ta võib Isandaga palgest palgesse kohtuda ja Temaga Uues Jeruusalemmas oma armastust jagada!

Ma näen oma Isandat!
Ma võin panna Tema silmade valguse
omadesse,
Ma võin panna Tema leebe naeratuse oma
südamesse,
ja kõik see rõõmustab mind nii väga.

Mu Isand,
kui väga ma Sind armastan!
Sina oled kõike näinud
ja Sa tead kõike.
Nüüd ma rõõmustan väga
ja võin oma armastust tunnistada.
Ma armastan Sind, Isand.
Ma tundsin Sinust väga puudust.

Vestlused Isandaga ei lähe kunagi igavaks ega väsita.

Isa Jumal, kes selle armastuse osaliseks sai, kaunistas selle suurejoonelise maja kolmanda korruse sisemuse väga ilusalt dekoori ja vääriskividega. Viimistlus ja toredus on kirjeldamatud ja valguse tase on eriline. Samuti võib üksnes taevastes kodades ringi vaadates tunda teie tegude kohaselt tasuva Jumala õiglust ja õrna armastust.

3. Taevased vaatamisväärsused

Mis on veel selle suure lossi ümber? Kui ma püüan selle linnalaadse hoone pisimaidki üksikasju kirjeldada, on materjali rohkem kui raamatu kirjutamiseks. Lossi ümber on suur aed ja palju ehitiste liike, mis on ilusalt kaunistatud ja kooskõlas püstitatud. Rajatised nagu ujumisbassein, lõbustuspark, suvilad ja ooperiteater annavad hoonele suurema turistimagneti väljanägemise.

Jumal tasub kõige eest igaühe tegude kohaselt

Hoone omanik võis saada niisuguse maja, kus oli nii palju rajatisi, sest ta pühendas kogu oma ihu, meele, aja ja raha siin maa peal elades Jumalale. Jumal tasub talle kõige eest, mida ta jumalariigi heaks tegi, kaasa avatud arvukate hingede viimine pääsemise teele ja Jumala koguduse ehitamine. Jumal on rohkem kui suuteline meile andma mitte vaid seda, mida me palume, vaid ka meie südamesoove täitma. Me näeme, et Jumal suudab kavandada palju täiuslikumalt ja ilusamalt kui ükskõik missugune suurepärane maapealne arhitekt või linna planeerija ja Ta suudab ühekorraga näidata nii ühtsust kui ka mitmekesisust.

Maa peal võime me tavaliselt kui meil on piisavalt raha, omada kõike, mida me soovime. Aga Taevas ei ole nii. Elumaja, riideid, vääriskive, kroone ega isegi teenijaid ingleid ei saa osta ega üürida, vaid need antakse üksnes inimese usumõõdu ja jumalariigile ustavuse alusel.

Nii nagu kirjutatakse Heebrealastele 8:5: *„ja teenivad pühamus, mis on ainult taevase kuju ja vari. Moosest ju juhendati, kui ta hakkas valmistama telki,"* on see maailm taevase vari ja suurem osa loomadest, taimedest ja ülejäänud loodusest on Taevas samuti olemas. Nad on maapealsetest palju ilusamad.

Uurime nüüd aedu, mis on täis väga palju lilli ja taimi.

Ülistuskohad ja Suur pühamu

Kindluse keskel on väga suur siseõu, kus palju lilli ja puid loovad väga ilusa maastiku. Mõlemal pool kindlust on suured ülistuskohad, kus inimesed saavad aeg-ajalt Jumalat kiites ülistada. See taevane koda, mis on kujuteldamatult tohutusuur, on nagu kuulus turismimagnet, kus on väga palju rajatisi ja kuna inimestel kulub majas ringi vaatamiseks kaua aega, on seal ülistuskohad, kus nad puhata saavad.

Taevane ülistus erineb täielikult ülistusest, millega me maa peal harjunud oleme. Meid ei seo vormiline külg, vaid me saame Jumalat austada uute lauludega. Kui me laulame Isa aust ja Isanda armastusest, kosutab see meid, kui me saame Püha Vaimu täiuse. Siis on me südames sügavamad tunded ja me täitume tänu ja rõõmuga.

Nendele pühamutele lisaks on selles lossis ehitis, mis on täpselt samasuguse kujuga kui teatud pühamu, mis oli maa peal olemas. Maa peal olles sai lossi omanik Isa Jumalalt ülesandeks ehitada tohutusuur suurejooneline pühamu ja Uude Jeruusalemma on ehitatud ka samasugune pühamu.

Lossi omanik igatses ka Jumala Templi järele, olles paljus Vana

Testamendi Taaveti moodi. Maailmas on palju ehitisi, aga ei ole tegelikult ainsatki hoonet, mis näitaks Jumala väärikust ja au. See kurvastas teda alati.

Ta oli väga innukas, et ehitada pühamu, mis on ainult Looja Jumala päralt. Isa Jumal võttis omaks selle igatseva südame ja selgitas talle üksikasjalikult pühamu kuju, suurust, kaunistusi ja isegi selle sisekujundust. See oli inimlike mõtete jaoks lihtsalt võimatu, aga ta tegutses vaid usu, lootuse ja armastusega ja lõpuks ehitati Suur pühamu valmis.

See Suur pühamu ei ole vaid hiiglasuur ja suurejooneline ehitis. See on kristalne kogum tõeliselt Jumalat armastavate usklike energiapisaraist. Pühamu ehituseks tuli kasutada maailma aardeid. Riigivalitsejate südameid tuli puudutada. Ja selle tegemiseks oli vaja kõige enam Jumala väetegusid, mida ei saanud inimliku ettekujutusvõimega hoomata.

Lossi omanik võitis niisuguse väe saamiseks ise sellised rasked vaimsed lahingud. Ta uskus ainult headuse, armastuse ja kuulekusega Jumalat, kes teeb võimatu võimalikuks. Ta palvetas lakkamatult ja selle tulemusel ehitas ta Suure pühamu, mille Jumal rõõmuga vastu võttis.

Isa Jumal teadis kõike seda ja ehitas selle inimese lossi samuti Suure pühamu koopia. Muidugi, taevane Suur pühamu on ehitatud kullast ja kalliskividest, mis on maa peal leiduvatest materjalidest võrdlematult palju kordi ilusamad, kuigi nad on sama kujuga.

Sydney ooperimaja sarnane esinemissaal

Selles lossis on esinemissaal, mis sarnaneb Austraalia Sydney ooperimajaga. Isa Jumal ehitas lossi niisuguse esinemissaali põhjusega. Kui lossi omanik oli maa peal, organiseeris ta palju esinemismeeskondi, et nad mõistaksid kiitusest rõõmu tundva Jumala südant. Ja ta austas Isa Jumalat väga ilusate ja graatsiliste kristlike kujutavate kunstidega.

Tegu ei olnud ainult välimuse, osavuse ja tehnikatega. Ta juhatas esinejaid vaimselt, et nad saaksid Jumalat kiita kogu südamest, tõelise armastusega. Ta kasvatas palju esinejaid, kes said Jumalale tuua niisugust kiitust, mida Jumal sai tegelikult vastu võtta. Selleks ehitas Isa Jumal ilusa kujutavate kunstide saali, et need esinejad saaksid oma südamesoovi kohaselt lossis vabalt oma oskusi näidata.

Suur järv ulatub hoone eest esile ja hoone näib otsekui vee peal hulpivat. Kui purskkaevudest purskub järvevesi, langevad veepiisad ja neist paistab kalliskivisarnast valgust. Esinemissaalis on hiilgav lava, mis on ehitud paljude eriliiki kalliskividega ja samuti palju istekohti, mis ootavad pealtvaatajaid. Siin esinevad ilusates kostüümides inglid.

Need esinevad inglid tantsivad kleitides, kust lähtub kiilitiibade laadse läbipaistvusega juveelisära valgust. Iga liigutus on täiuslikult veatu ja ilus. On ka ingleid, kes laulavad ja mängivad muusikainstrumente. Nad mängivad kõrgetasemeliste oskuste ja tehnikatega väga ilusaid ja armsaid viise.

Aga isegi kui inglite oskused on niivõrd head, erineb kiitusest ja tantsust lähtuv hea lõhn jumalalaste omast väga palju. Jumalalaste südames on sügav armastus ja tänulikkus, mida nad Jumala vastu tunnevad. Inimese kasvatamise kaudu ilusaks muutunud südamest lähtub hea lõhn, mis suudab Isa Jumalale meeleliigutust valmistada.

Neil jumalalastel, kellel on maa peal ülesandeks Jumalat kiita, on palju võimalusi Jumalat ka Taevas oma kiitusega austada. Kui ülistusjuht läheb Uude Jeruusalemma, võib ta esineda selles Ooperimaja väljanägemisega kujutavate kunstide saalis. Ja selles kohas tehtud esinemisi edastatakse vahel otseedastusena kõigisse taevariigi eluasemetesse. Seega on üksnes kord selle saali laval olla väga suureks auks.

Vikerkaarevärvides pilvesild

Eluvee jõgi, mis särab hõbedase valgusega, voolab läbi lossi, otsekui seda ümbritsedes. See lähtub Jumala troonilt ja voolab Isanda ja Püha Vaimu losside, Uue Jeruusalemma, kolmanda, teise, esimese taevariigi ja paradiisi ümber ja naaseb Jumala trooni juurde.

Inimesed vestlevad paljude ilusates värvides kaladega, kui nad istuvad Eluvee jõe mõlemal pool asuvatel kullast ja hõbedast liivadel. Mõlemal pool jõge on kuldsed istepingid ja nende ümber on elupuud. Kuldsetel pinkidel istudes ja isuäratavaid vilju nähes pruugib teil lihtsalt mõtelda: „Ah, need viljad näevad nii isuäratavad välja" ja teenijad inglid toovad lillekorvis viljad ja ulatavad need viisakalt teile.

Eluvee jõge ümbritsevad ka kaarekujulised pilvesillad. Vikerkaarevärves pilvesillal käies ja aeglaselt allpool voolavat jõge nähes tunnete te end nii imeliselt, otsekui lendaksite te taevas või käiksite vee peal.

Kui te ületate Eluvee jõe, jõuate te välisõue, kus on palju eriliiki lilli ja kuldne muru ja siin tunnete te end erinevalt, võrreldes siseõuel kogetud enesetundega.

Lõbustuspark ja lilletee

Pilvesillast üle tulles jõuate te lõbustusparki, kus on palju atraktsioonide liike, mida pole varem nähtud ja mis on ennekuulmatud ja kujuteldamatud; isegi maailma parimaid lõbustusparke nagu Disneyland ei saa selle lõbustuspargiga võrrelda. Pargis sõidavad kristallrongid, piraadilaeva teemaline kullast ja paljudest vääriskividest atraktsioon liigub edasi-tagasi, karussell sõidab erksa rütmi saatel ja suured ameerika mäed sõidavad sõitjaid paeludes. Mil iganes need paljude vääriskividega ehitud atraktsioonid liiguvad, ergavad nad mitmekihilist valgust ja üksnes seal sees olemine tekitab teis festivali meeleolu tundeküllastuse.

Välisõue ühel pool on lõputu lilletee ja kogu tee on kaetud lilledega nii, et te võite lilledel käia. Taevane ihu on nii kerge, et selle raskust ei ole tunda ja lilled ei lömastu isegi siis kui nende peal käia. Kui te käite laial lilleteel ja tunnete lillede mahedaid lõhnu, sulevad lilled oma kroonlehed, otsekui oleksid nad häbelikud ja lehvitavad, avades kroonlehed pärani. See on eritervitus ja teretus. Muinasjuttudes on lilledel oma nägu ja nendega võib vestelda ja Taevas on samamoodi.

Te olete täielikult elevil lilledel käimisest ja nende lõhna nautimisest ja lilled tunnevad õnne ja tänavad teid, et te nende peal käite. Kui te astute tasa nende peale, eritub neist veel rohkem lõhnu. Igal lillel on eri lõhn ja lõhnad segunevad iga kord erinevalt, et te võiksite iga kord kui te kõnnite, uusi tundeid tunda. Lilleteed on siia ja sinna laiali jaotunud ja on nagu ilus maal, mis lisandub selle taevase maja ilule. Samuti on ühe inimese maja ilmatu suur ja näib piirideta ning sisaldab igasuguseid rajatisi.

Suur tasandik, kus loomad mängivad rahulikult

Lilleteede taga on avar tasandik ja seal on palju loomaliike, mida võis ka maa peal näha. Muidugi võib ka mujal näha palju muid loomi, kuid siin on peaaegu kõik loomaliigid, välja arvatud Jumalale vastu seisnud liigid nagu draakonid. Teie silme ees avanev maastik meenutab Aafrika tohutut savanni ja need loomad ei lahku oma alalt, isegi kui seal pole aeda ja nad võivad vabalt ringi kepsutada. Nad on maapealsetest loomadest suuremad ja neil on selgemad värvid, mis säravad eredamalt. Džungliseadus ei kehti neile.

Kõik loomad on kurjuseta; isegi lõvid, keda kutsutakse loomade kuningateks, ei ole üldse agressiivsed, vaid väga leebed ja nende kuldne karv on väga armas. Samuti võib Taevas loomadega vabalt rääkida. Kujutage üksnes ette, kuidas te naudite muljet avaldava looduse ilu, kui te jooksete avaral tasandikul ja sõidate lõvide või elevantide seljas. See ei ole midagi, mis on vaid muinasjutus, vaid päästetute ja Taevasse läinute eelisõigus.

Erasuvila ja kuldtool puhkamiseks

Kuna selle inimese maja on nagu suur taevane turismimagnet, mida paljud võivad nautida, andis Jumal üksnes omaniku erakasutuseks suvila. See suvila asub väikesel mäekünkal ja sealt avaneb suurepärane vaade ning see on ilusalt kaunistatud. Igaüks ei saa sinna suvilasse minna, sest see on erakasutuseks. Omanik puhkab seal omaette või kasutab seda, et võtta vastu prohveteid nagu Eelija, Eenok, Aabraham ja Mooses.

Samuti on seal teine suvila, mis on kristallist ja muudest hoonetest erinevalt on see selge ja läbipaistev. Aga selle sisemust ei saa väljastpoolt näha ja sinna sisenemine on keelatud. Selle kristallsuvila katusetipul on pöörlev kuldtool. Kui omanik istub sinna, võib ta silmapilguga näha kogu maja väljaspool aega ja ruumi. Jumal tegi selle spetsiaalselt omaniku jaoks, et ta võiks tunda rõõmu, nähes nii palju inimesi oma maja külastamas või võiks lihtsalt puhata.

Mälestuste mägi ja mõtiskluse tee

Mõtiskluse tee, mille mõlemal küljel on elupuud, on väga rahulik, otsekui oleks aeg seisma jäänud. Omaniku iga sammuga tuleb ta südamepõhjast rahu ja talle meenuvad maapealsed asjad. Kui ta mõtleb päikesest, kuust ja tähtedest, tõuseb ta pea kohale ümar ekraanitaoline kiht, millele ilmuvad päike, kuu ja tähed. Taevas ei ole vaja päikese-, kuu- ega tähtede valgust, sest Jumala auvalgus ümbritseb kogu seda kohta, aga see kiht anti üksnes tema jaoks maapealsete asjade peale mõtlemiseks.

Samuti on koht, mida kutsutakse mälestuste mäeks ja see moodustab suure küla. Seal võib majaomanik oma maapealse elu mälus taastada ja kuhu on kogutud selle ülejäävad osad. Maja, kus ta sündis, koolid, kus ta käis, väikelinnad ja suurlinnad, kus ta elas, kohad, kus ta oli katsumustes, koht, kus ta esimest korda Jumalaga kohtus ja pühamud, mida ta ehitas pärast jumalasulaseks saamist, on siin kõik kronoloogilisse järjestusse pandud.

Kuigi materjalid erinevad ilmselgelt maapealsetest, on ta maapealse elu asjad täpselt järele tehtud, nii et inimesed võivad tema maapealse elu jälgi elavalt kogeda. Kui imeline on Jumala tasane ja tundlik armastus!

Kosed ja meri saartega

Kui te kõnnite mälestuste teed mööda edasi, kuulete te tugevat selget kaugelt kostvat heli. See heli tuleb väga paljude värvidega kosest. Kui kosest tuleb pritsmeid, särab ilus vääriskivi kose põhjast väga eredat valgust. See, kuidas suur veevool langeb tipust kolme astme jagu ja voolab Eluvee jõkke, on väga suurejooneline vaatepilt. Mõlemal pool koske on vääriskivid, mis paistavad topelt või kolmekordset valgust ja need ergavad veepritsmetega väga imekspandavat valgust. Üksnes selle nägemine annab värskema ja energilisema tunde.

Kose otsas on ka paviljon, kust inimesed võivad näha suurepärast vaatepilti või kus nad võivad puhata. Taevast hoonet võib täielikult näha ja see vaatepilt on nii suurejooneline ja ilus, et seda ei ole võimalik maapealsete sõnadega küllaldaselt kirjeldada.

Lossi taga on suur meri ja seal on eri suurusega saared. Laitmatult puhas selge merevesi särab nagu oleks vette puistatud vääriskive. Samuti on väga ilus näha, kuidas kalad ujuvad selges meres ja üllatuseks on mere alla ehitatud ilusad nefriitrohelised hooned. Maa peal ei saa ka kõige rikkamad inimesed omale merealust hoonet.

Aga kuna Taevas on neljamõõtmelises maailmas, kus kõik on võimalik, on arvukaid asju, millest me ei saa aru ja mille olemasolu me ei suuda ette kujutada.

Hiiglaslik *Titanic*'u moodi kruiisilaev ja kristallist laev

Merepealsetel saartel täiendab ilusaid maastikke palju eriliiki metsikuid lilli, laululinde ja vääriskive. Siin peetakse paljude taevakodanike ligi meelitamiseks kanuu- või surfivõistlusi. Vaikselt lainetaval merel on *Titanic*'u taoline laev ja laeval on palju rajatiseliike, nagu näiteks ujumisbasseinid, teatrid ja banketisaalid. Täiesti kristallist tehtud läbipaistval laeval olles on tunne, otsekui käiksite te merevee peal ja ragbipallikujulises allveelaevas võite te meresisemuse ilu tunda.

Kui õnnelikuna te võite end tunda, kui te saate viibida selles ilusas kohas Titanic'u taolisel laeval, kristallist laeval või ragbipallikujulisel allveelaeval ja seal kasvõi ühe päeva veeta! Aga kuna Taevas on igavene paik, võite te kõiki neid asju igavesti kogeda vaid siis kui te vastate Uude Jeruusalemma mineku tingimustele.

Palju spordi- ja puhkerajatisi

Seal on ka spordi- ja puhkerajatised nagu golfirajad, keeglirajad, ujumisbasseinid, tenniseväljakud, võrkpalliväljakud, korvpalliväljakud ja nii edasi. Need antakse tasuks, kuna omanik oleks niisuguste spordialadega maa peal tegeleda võinud, kuid ta loobus sellest jumalariigi pärast ja andis kogu aja hoopis Temale.

Keegirajal, mis on kullast ja vääriskividest ja keeglikurika kujuline, on pall ja kõik keeglikurikad kullast ja vääriskividest. Inimesed mängivad kolme- kuni viieliikmelistes rühmades ja nad veedavad koos meeldivalt aega, üksteist ergutades. Pall ei näi palju kaaluvat, vastupidiselt maapealsetele pallidele, seega veereb see rada pidi tugevalt ka siis kui seda vaid õrnalt lükata. Kui see kurikaid tabab, tuleb esile hiilgav valgus ja selge ilus heli.

Kuldsele murule tehtud golfiraja muru laskub automaatselt alla, et pall võiks mängu ajal veereda. Kui muru laskub doominolaadselt alla, on see kuldse laine sarnane. Uues Jeruusalemmas kuulab isegi muru oma peremehe südant. Pealegi tuleb pärast lööki jalgade juurde pilveosa ja viib isanda teisele rajale. Kui hämmastav ja imeline see on!

Inimestel on ka ujumisbasseinis väga lõbus. Kuna Taevas keegi ei upu, oskavad loomulikult hästi ujuda ka need, kes maa peal ujuda ei osanud. Pealegi, vesi ei tee riideid läbimärjaks, vaid veereb nende pealt ära nagu kaste lehelt. Inimesed võivad igal ajal ujuda, sest nad saavad seda riietega teha.

Paljudes suurustes järved ja purskkaevud aias

Suures avaras taevases majas on palju erisuuruses järvi. Kui paljuvärvilised kalad lehvitavad järvedes oma uimesid, otsekui tantsiksid nad Jumala laste rõõmustamiseks, näivad nad otsekui oma armastust häälega tunnistavat. Samuti võib näha, kuidas kalad värvi vahetavad. Hõbeuimesid lehvitav kala võib äkki pärlendavaks muutuda.

Seal on arvukaid aedasid ja igal aial on erinev nimi, vastavalt selle ainulaadsele ilule ja omadustele. Ilu ei saa tagajärjekalt edasi anda, sest isegi ühes lehes peitub Jumala puudutus.

Purskkaevud on samamoodi erinevad, vastavalt iga aia iseloomule. Tavaliselt paiskub purskkaevudest vett, kuid on purskkaevusid, millest tulevad paljud ilusad värvid või lõhnad. On uusi ja väärtuslikke lõhnu, mida te ei saanud maa peal kogeda, nagu näiteks vastupidavuse lõhn, mida võib tunda pärlist, karneooli püüdluste ja kire lõhn, eneseohverduse või ustavuse lõhn ja palju teisi. Keset purskkaevu, kust vesi üles purskab, on kirjutised ja joonistused, mis selgitavad iga purskkaevu tähendust ja tegemise põhjust.

Pealegi on palju teisi ehitisi ja eri kohtasid nagu näiteks lossitaoline hoone, kuid kahjuks ei ole kõiki sealseid rajatisi üksikasjalikult selgitada võimalik. Tähtis on see, et midagi ei anta põhjuseta, vaid kõike tasutakse vastavalt maa peal jumalariigi ja selle õigsuse heaks tehtule.

Suur on te tasu Taevas

Nüüdseks olete te juba mõistnud, et see taevane hoone on liiga hiiglaslik ja suur, et seda ette kujutada. Suur täiesti privaatne loss, on ehitatud keskele ja ehitist ümbritsevad paljud muud hooned ja rajatised ning suured aiad; see kodu on nagu taevane turismipaik. Tõenäoliselt üllatute te väga, kuna Jumal valmistas selle kirjeldamatult suure kodu *ühele inimesele*, kes maa peal kasvas.

Mispärast Jumal valmistas taevase koja, mis on suurlinna suurune? Vaatame Matteuse 5:11-12:

Õndsad olete teie, kui teid minu pärast laimatakse ja taga kiusatakse ja teist valega kõiksugust kurja räägitakse. Olge rõõmsad ja hõisake, sest teie palk on suur Taevas! Just samamoodi on taga kiusatud ka prohveteid enne teid.

Kui palju kannatas apostel Paulus jumalariigi jaoks töö tegemise tõttu? Ta kannatas paganatele Päästja Jeesuse kuulutamiseks kirjeldamatuid raskusi ja tagakiusu. Me võime näha 2. Korintlastele 11:23 ja edasi, kui palju ta jumalariigi heaks vaeva nägi. Paulus vangistati, teda peksti ja ta oli evangeeliumi kuulutamise ajal palju kordi surmasuus.

Aga Paulus ei kurtnud ega pidanud vimma kunagi, vaid rõõmustas ja oli rõõmus nagu Jumala Sõna tal olla käskis. Lõppude lõpuks avas Paulus paganate maailmamisjoni ukse. Seega läks ta loomulikult Uude Jeruusalemma ja sai Uues Jeruusalemmas päikese moel paistva au osaliseks.

Jumal armastab väga palju neid, kes teevad kirglikult tööd ja on ustavad ning ohverdavad isegi oma elu ja Ta tasub neile Taevas väga paljude asjadega.

Uue Jeruusalemma linn ei ole mingile teatud isikule reserveeritud, vaid sinna võib minna ja seal võib elada igaüks, kes pühitseb oma südame, et see sarnaneks Jumala südamele ja täidab oma kohust kirglikult.

Ma palun Isanda Jeesuse Kristuse nimel, et te võiksite

tuliste palvete ja Jumala Sõna läbi Jumala südamele sarnaneda ja täita oma ülesanded täielikult, et te võiksite minna Uude Jeruusalemma ja tunnistada Talle pisarais: „Ma olen nii tänulik Isa suure armastuse eest."

9. peatükk

Uue Jeruusalemma esimene pidusöömaaeg

1. Uue Jeruusalemma esimene pidusöömaaeg

2. Prohvetid Taeva esimeses grupis

3. Jumala silmis ilus naine

4. Maarja Magdaleena on Jumala trooni lähedal

*Seda, kes iganes nendest
käskudest ka kõige pisema
tühistab ja teisi sedasama tegema
õpetab, hüütakse kõige pisemaks
taevariigis. Kes aga selle järgi
teeb ja õpetab, seda hüütakse
suureks taevariigis.*

- Matteuse 5:19 -

Uue Jeruusalemma pühas linnas on Jumala troon ja seal elavad igavesti arvukad maa peal kasvatatud inimesed, kellel on mägikristalli sarnane puhas ilus süda. Elu Kolmainu Jumalaga Uues Jeruusalemmas on täis kirjeldamatut armastust, tundeid, õnne ja rõõmu. Inimesed on lõpmatult õnnelikud, osaledes ülistusteenistustel ja pidusöömaaegadel ja üksteisega armastavaid vestlusi pidades.

Kui te võtate osa Isa Jumala korraldatud pidusöömaajast Uues Jeruusalemmas, võite te näha esinemisi ja jagada armastust loendamatu arvu inimestega Taeva eri eluasemetest.

Kolmainu Jumal, kes lõpetas kauaaegse kannatlikkusega inimese kasvatamise, rõõmustab ja tunneb head meelt kui Ta näeb oma armsaid lapsi.

Armastuse Jumal ilmutas mulle üksikasjalikult Uue Jeruusalemma elu, mis on täis meie jaoks mõistetamatuid tundeid. Ma suutsin kurja võita headusega ja oma vaenlasi armastada ka siis kui ma alusetult kannatasin, kuna mu süda oli täis Uude Jeruusalemma minekulootust.

Vaatame nüüd lähemalt Uues Jeruusalemmas peetava esimese pidusöömaaja pildi alusel seda, kui õnnistatud on mägikristalli moodi puhta ja ilusa „Jumala südame saamine."

1. Uue Jeruusalemma esimene pidusöömaaeg

Nii nagu maa peal, on ka Taevas pidusöömaajad ja nende

läbi me võime taevase elu rõõmu päris hästi mõista. See on nii, kuna pidusöömaajad on aulised kohad, kus me võime näha Taeva rikkalikkust ja ilu ainsa silmapilguga ja seda nautida. Nii nagu maapealsed inimesed ehivad end kõige ilusamate asjadega ja söövad, joovad ja naudivad parimat rooga maa presidendi korraldatud pidusöömaajal, on taevane pidusöömaaeg täis ilusat tantsu, laulu ja õnne.

Ilus kiitusheli saalist

Uue Jeruusalemma pidusöömaaja saal on nii tohutusuur ja suurejooneline. Kui te läbite sissekäigu ja sisenete ruumi, mille teist otsa ei ole võmalik näha, lisab ilusa taevase muusika heli uusi tundeid juba teid valdavatele tunnetele.

Imeline on valgus,
mis oli enne aja algust.
Ta paistab kõikjale
oma algset valgust.
Ta sünnitas oma Pojad
Ja tegi inglid.

Tema au on kõrge
üle Taeva ja maa
ja on suurepärane.
Ilus on Ta arm,
mille Ta välja sirutanud on.
Ta süda sirutus välja
ja lõi selle maailma.

Kiitke Tema suurt armastust väikeste huultega.
Kiitke Isandat,
kes võtab vastu kiitust ja rõõmustab.
Tõstke Tema püha nime
ja kiitke Teda igavesti.
Tema valgus on imeline
ja kiitust väärt.

Selge kaunis muusikaheli sulandub vaimu ja toob elevust ja niisuguse rahu, mida imik tunneb ema rinnal.

Pidusöömaaja saali suur valge kalliskivi värvi värav on ehitud paljude kujude ja värvidega taevaste lilledega ja sellele on graveeritud ilus muster. Võib näha, et Isa Jumal valmistas Uue Jeruusalemma linna igasse nurka õrnast armastusest oma laste vastu isegi niisugused väikesed asjad pisimate detailideni.

Valge kalliskivi värvi väravatest läbiminek

Arvutud inimesed võivad järjekorras minna läbi pidusöömaaja saali ilusa suure värava ja need, kes elavad Uues Jeruusalemmas, lähevad esimesena. Nad kannavad kuldkroone, mis on suuremad kui muude eluasemete kroonid ja millest tuleb mahedat ilusat valgust. Inimesed kannavad valgeid ühes tükis rõivaesemeid, mis säravad eredat ja hiilgavat valgust. Selle kangas on valguse sarnane ja pehme nagu siid ja voogab edasi-tagasi.

Rüü, mis on ehitud kulla või paljude vääriskividega, on säravate vääriskivitikanditega kaelal ja varrukatel ja vääriskivide liigid ja mustrid erinevad vastavalt tasudele. Uue Jeruusalemma elanike ilu ja au erinevad täiesti kõigi muude taevaste eluasemete elanike ilust ja aust.

Erinevalt Uues Jeruusalemmas elavatest inimestest, peavad muudest taevastest eluasemetest pärit inimesed Uues Jeruusalemmas peetaval pidusöömaajal osalemiseks läbima teatud protsessi. Kolmandast, teisest, esimesest taevariigist või paradiisist pärit inimesed peavad vahetama oma riided Uue Jeruusalemma jaoks eririiete vastu. Kuna taevaste ihude valgus erineb vastavalt sellele, missugustest eluasemetest inimesed pärinevad, peavad nad oma eluaseme asukohast kõrgemal tasemel asuvate eluasemete külastamiseks vastavad riided laenama.

Sellepärast on riiete vahetamiseks eraldi koht. Uues Jeruusalemmas on nii palju rüüsid ja inglid aitavad inimestel riideid vahetada. Aga need, kes on paradiisist, kuigi neid on vähe, peavad oma riided ise vahetama ja ei saa inglitelt abi. Nad vahetavad oma riided Uue Jeruusalemma rüüde vastu ja rüüde au liigutab neid sügavalt. Neil on ikka kahju, sest nad kannavad rüüsid, mille kandmiseks nad ei ole tegelikult sobivad.

Kolmandast, teisest või esimesest taevariigist ja paradiisist inimesed peavad sisenemiseks riided vahetama ja pidusöömaaja saali sissepääsu juures inglitele kutseid näitama.

Suur ja hiilgav pidusöömaaja saal

Kui inglid viivad teid pidusöömaaja saali, tunnete te tahtmatult tundeküllasust pidusöömaaja saali hiilgava valguse, suurejoonelisuse ja toreduse tõttu. Saali põrand särab plekita või rikkumatu valge vääriskivi värvist ja mõlemal pool on väga palju sambaid. Ümarad sambad on puhtad kui klaas ja saali sisemus on ehitud selle ainulaadse ilu loomiseks paljut liiki vääriskividega.

Igal sambal ripub lillebukett, mis lisab pidusöömaajale meeleolu ja väärtuslikkust.

Kui õnnelikult ja tundeküllaselt te end tunnete kui teid kutsutakse ballisaali, mis on tehtud valgest marmorist ja hiilgavalt säravast kristallist! Kuivõrd palju ilusam ja õnnelikum on taevane pidusöögisaal, mis on tehtud väga paljudest taevastest vääriskividest!

Uue Jeruusalemma pidusöömaaja saali ees on kaks lava, mis annavad pühaliku tunde, otsekui oleksite te ajas tagasi läinud ja oleksite iidse keisri kroonimise tseremoonial. Keset ülemist lava on Isa Jumala valget kalliskivivärvi suur troon. Sellest troonist paremal on Isanda troon ja vasakul on esimese pidusöömaaja aukülalise troon. Neid troone ümbritseb hiilgav valgus ja need on väga kõrged ja suurejoonelised. Madalamale lavale on pandud prohvetite istekohad, vastavalt taevasele järjestusele, mis väljendab Isa Jumala majesteetlikkust.

Pidusöömaaja saal on piisavalt suur, et mahutada lugematu hulk kutsutud taevakodanikke. Pidusöömaaja saali ühel poolel on taevane orkester ja peaingel juhatab seda. See orkester mängib taevast muusikat, mis lisab rõõmu ja õnne mitte vaid pidusöömaaja ajal, vaid ka enne pidussöömaaja algust.

Inglite juhatusel istekohale juhatamine

Inglid juhatavad pidusöömaaja saali sisenenud nende eelnevalt määratud kohtadele ja Uue Jeruusalemma inimesed istuvad ees, pärast neid tulevad kolmanda, teise, esimese taevariigi ja paradiisi inimesed.

Need, kes on kolmandast taevariigist, kannavad samuti

kroone, mis erinevad täielikult Uue Jeruusalemma kroonidest ja nad peavad kroonide paremale poolele panema ümmarguse märgi, mis eristab neid Uue Jeruusalemma rahvast. Teisest ja esimesest taevariigist pärit inimesed peavad panema ümmarguse märgi oma rinna vasakule poolele, see eristab neid automaatselt kolmanda taevariigi või Uue Jeruusalemma inimestest. Teise ja esimese taevariigi inimesed kannavad kroone, kuid paradiisi inimestel ei ole kroone, mida kanda.

Uude Jeruusalemma pidusöömaajale kutsutud võtavad istet ja ootavad ärevusega oma riideid kohendades ja muud sarnast tehes pidusöömaaja korraldaja – Isa Jumala tulekut. Trompetiheli tähistab Isa tulekut ja selle peale tõusevad pidusöömaaja saalis kõik, et oma peokorraldajat vastu võtta. Sel ajal võivad peole mitte kutsutud veel sündmusest kogu Taeva vastavatesse eluasemetesse paigaldatud otseedastussüsteemide kaudu osa saada.

Isa siseneb saali trompetiheli saatel

Trompetiheli saatel sisenevad esimesena paljud peainglid, kes Isa Jumalat eskordivad ja siis tulevad Tema armastatud usuisad. Nüüd on igaüks ja kõik Isa Jumala vastuvõtuks valmis. Seda vaatepilti jälgivad inimesed tahavad veelgi innukamalt näha Isa ja Isandat ja nad vaatavad pinevalt ettepoole.

Viimaks siseneb Isa Jumal hiilgavas auliselt paistvas valguses. Tema välimus on suurejooneline ja väärikas, samal ajal on ta väga õrn ja püha. Tema õrnalt lokkis juuksed säravad kuldselt ja Tema näost ja kogu ihust tuleb väga eredat valgust, et inimesed ei saa oma silmigi korralikult lahti hoida.

Kui Isa Jumal tuleb üles troonile, langetavad taevased väed ja inglid ja laval oodanud prohvetid ning kõik pidusöömaaja saalis olevad inimesed oma pea, et Teda kummardada. Väga suur au on oma silmaga näha kõige Looja ja Valitseja – Isa Jumala isikut. Kui rõõmsaks ja tundeliseks see teeb! Aga kõik külalised ei saa teda näha. Paradiisi, esimese ja teise taevariigi inimesed ei saa oma nägu tõsta hiilgava valguse tõttu. Nad valavad vaid rõõmu ja tunnete tõttu pisaraid selle eest, et nad võivad tol pidusöömaajal lihtsalt viibida.

Isand tutvustab aukülalist

Pärast seda kui Isa Jumal võtab oma troonil istet, siseneb ilusa elegantse peaingli saatel Isand. Ta kannab kõrget imeilusat krooni ja säravvalget pikka hõlsti. Tal on väärikas välimus ja ta on väga suurejooneline. Isand kummardab esiteks viisakusest Isa Jumala poole, võtab vastu inglite, prohvetite ja muu rahva austuse ja naeratab neile vastu. Isa Jumalal, kes istub troonil, on hea meel näha kõiki pidusöömaajal osalevaid inimesi.

Isand läheb poodiumile ja tutvustab esimese pidusöömaaja aukülalist ja räägib üksikasjalikult tema teenistusest, mis aitas inimesi kasvatada. Mõned pidusöömaajal osalevad inimesed mõtlevad, kes see on ja need, kes teda juba teavad, pööravad Isanda jutule suurte ootustega tähelepanu.

Viimaks Isand lõpetab oma märkused, olles selgitanud, kuidas see inimene armastas Isa Jumalat ja kui palju ta püüdis palju hingesid pääsemisele tuua ja kuidas ta lõpuks tegi Jumala täit tahet. Siis valdab Isa Jumalat suur rõõm ja Ta tõuseb, et tervitada esimese pidusöömaaja aukülalist, nagu isa tervitab edukalt koju naasvat poega või nagu kuningas, kes võtab võidukat kindralit vastu. Ootusest tulvil ja vabisevas pidusöömaaja saalis kõlab veelkord trompetiheli ja siis siseneb hiilgavalt särav aukülaline. Ta kannab pikka suurejoonelist krooni ja pikka valget rüüd, mis sarnaneb Isanda omale. Ta näeb samamoodi väärikas välja, kuid inimesed võivad aduda tasadust ja halastust tema näost, mis sarnaneb Isa Jumala omale.

Kui esimese pidusöömaaja aukülaline siseneb, tõusevad inimesed püsti ja hakkavad ülestõstetud kätega otsekui lainet moodustades kiiduhüüetega tervitama. Nad pöörduvad ja rõõmustavad teistega, kallistades üksteist. Näiteks Maailmakarika finaalmängus, kui võiduväravat toov pall möödub väravavahist, rõõmustavad kõik sündmusel osalevad või kodudes pealt vaatavad võiduka maa inimesed, nad tervitavad ja kallistavad, löövad patsu ja teevad muud sellesarnast. Samamoodi on Uue Jeruusalemma pidusöömaaja saal täis rõõmurõkatusi.

2. Prohvetid Taeva esimeses grupis

Mida me peame siis spetsiaalselt tegema, et elada Uues Jeruusalemmas ja esimesel pidusöömaajal osaleda? Meil ei tule üksnes Jeesus Kristus vastu võtta ja Püha Vaimu and saada, vaid me peaksime kandma ka Püha Vaimu üheksat vilja ja sarnanema Jumala südamele, mis on puhas ja selge kui mägikristall. Taevas määrab korra Jumala südamele sarnanemise pühitsuse määr.

Seega, isegi esimesel Uue Jeruusalemma pidusöömaajal sisenevad prohvetid Isa Jumala saalituleku ajal taevase järjestuse alusel. Mida kõrgemal asuvad prohvetid või muud usuisad, seda lähemal nad võivad Jumala troonile olla. Samamoodi, kuna taevane valitsuskord toimib järjestuse alusel, me teame, et me peame Ta troonile lähemal viibimiseks Jumala südamele sarnanema.

Vaatleme nüüd Taeva esimeses grupis olevate prohvetite elude näite varal niisugust Jumala südame laadset südant, mis on puhas ja ilus kui mägikristall ja kuidas me saame täielikult sellele sarnaneda.

Eelija võeti üles ja ta ei näinud surma

Eelija asub kõrgeimal kõigist maa peal kasvatatud inimolenditest. Terves Piiblis võib näha, et Eelija elu iga tahk andis tunnistust elavast Jumalast – ainsast tõesest Jumalast. Ta oli prohvet Iisraeli põhjapoolse kuningriigi kuningas Ahabi ajal, kui ebajumalakummardamine vohas. Ta läks 850 ebajumalaid kummardava prohveti vastu ja tõi Taevast tule alla. Eelija tõi ka tugeva vihma pärast kolme ja poole aastast põuda.

Eelija oli meiesugune inimene, ent ta palvetas püsivalt, et ei sajaks vihma, ning kolm aastat ja kuus kuud ei sadanud piiskagi vihma maa peale. Siis ta palvetas taas ja taevas andis vihma ning maa laskis tärgata oma viljal (Jakoobuse 5:17-18).

Pealegi, Eelija kaudu kestis peotäis jahu purgis ja väheke õli kruusis kuni põuaaja lõpuni. Ta äratas lesknaise surnud poja ellu ja tegi Jordani jõe kaheks. Lõpuks läks Eelija tuulepöörises Taevasse (2. Kuningate raamat 2:11).

Mis põhjusel suutis siis Eelija, kes oli meiesugune inimolend, teha Jumala väetegusid ja isegi surma vältida? See juhtus nii, kuna ta sai omale oma eluajal kogetud paljude katsumuste teel puhta ja kristallkauni süda, mis sarnanes Jumala omale. Eelija usaldas igasugustes olukordades täielikult Jumalat ja kuuletus alati Talle.

Jumala käsul läks prohvet teda tappa üritanud kuningas Ahabi ette ja kuulutas arvukate inimeste ees, et Jumal oli ainus tõeline Jumal. Sellepärast ja niimoodi sai ta Jumala väe ja ilmutas nii palju Tema väetegusid, mis tõid Jumalale palju au ja ta lõpetas igavese austuse ja au kogemisega.

Eenok käis Jumalaga 300 aastat

Kuidas olid lood Eenokiga? Nii nagu Eelija, tõsteti ka Eenok surma nägemata Taevasse. Kuigi Piiblis ei räägita tema kohta väga palju, võime me ikkagi tunda, kui palju ta sarnanes Jumala südamele.

Kui Eenok oli elanud kuuskümmend viis aastat, siis sündis temale Metuusala. Ja Eenok kõndis pärast Metuusala sündimist koos Jumalaga kolmsada aastat, ja temale sündis poegi ja tütreid. Nõnda oli kõiki Eenoki elupäevi kolmsada kuuskümmend viis aastat. Eenok kõndis koos Jumalaga, ja siis ei olnud teda enam, sest Jumal võttis tema ära (1. Moosese raamat 5:21-24).

Eenok hakkas kuuekümne viie aastaselt Jumalaga käima. Ta oli Jumala silmis väga armas, sest ta oli Jumala südame sarnane.

Jumal suhtles temaga süvitsi, käis temaga for 300 aastat ja võttis ta elavalt ära ja viis ta Jumalale lähedal asuvasse kohta. Siin tähendab „Jumalaga käimine," et Jumal on kõnealuse isikuga kõiges ja Jumal oli Eenokiga kõikjal, kuhu ta kolmesaja aasta jooksul läks.

Kui te lähete reisima, missuguse inimesega te minna sooviksite? Reis on meeldiv, kui te saate reisida kellegagi, kes on teie mõttekaaslane. Samamoodi on arusaadav, et Eenok oli oma südames Jumalaga üks ja seega ta sai Jumalaga käia.

Kuna Jumal on oma olemuselt valgus, headus ja armastus, ei tohiks meis Jumalaga käimiseks olla mingisugust pimedust, vaid ülevoolav headus ja armastus. Eenok hoidis end pühana, kuigi ta elas patuses maailmas ja ta edastas rahvale Jumala tahte (Juuda 1:14). Piiblis ei öelda, et ta oleks midagi suurt korda saatnud või mingit eriülesannet täitnud. Sellegipoolest, kuna Eenok kartis oma südamesügavuses Jumalat, hoidus kurjast ja elas pühitsetud elu, et Jumalaga käia, võttis Jumal ta kiiresti ära ja asetas ta enda lähedale.

Seega öeldakse Heebrealastele 11:5: *„Usus võeti ära Eenok, et ta ei näeks surma, ja teda ei leitud enam, sest Jumal oli ta ära võtnud. Aga juba enne, kui ta ära võeti, oli ta saanud tunnistuse, et ta on olnud Jumalale meelepärane."* Samuti oli Jumalale meelepärase usuga Eenok õnnistatud ja võis Jumalaga alati käia, Jumal võttis ta Taevasse ja ta ei pidanud surma nägema ja temast sai Taevas tähtsuselt teisel kohal olev inimene.

Aabrahami kutsuti Jumala sõbraks

Missugune ilus süda oli siis Aabrahamil, et teda kutsuti Jumala sõbraks ja ta sai Taevas tähtsuselt kolmanda koha?

Aabraham usaldas Jumalat kõiges ja kuuletus Talle täielikult.

Kui ta jättis Jumala käsul oma kodumaa, ei teadnud ta isegi oma minekukohta, kuid ta jättis kuulekalt oma kodulinna ja majandusliku turvalisuse. Pealegi, kui Jumal käskis tal oma saja aasta vanuses saadud poeg Iisak põletusohvriks anda, kuuletus ta kohe. Ta usaldas head kõikvõimast Jumalat, kes oli suuteline ka surnuid ellu äratama.

Aabraham ei olnud ka üldse isekas. Näiteks kui ta vennapoja Loti ja tema vara said nii rohkeks, et nad ei saanud enam kokku jääda, lasi Aabraham Lotil esimesena otsustada: *„Ärgu olgu riidu minu ja sinu vahel, minu karjaste ja sinu karjaste vahel. Meie, mehed, oleme ju vennad! Eks ole kogu maa su ees lahti? Mine nüüd minu juurest ära, lähed sina vasakut kätt, lähen mina paremat kätt; lähed sina paremat kätt, lähen mina vasakut kätt"* (1. Moosese raamat 13:8-9).

Ükskord ühinesid paljud kuningad ja tungisid Soodomasse ja Gomorrasse ning võtsid kogu vara ja toidu ja ka Aabrahami Soodomas elava vennapoja Loti. Siis võttis Aabraham oma kojas sündinud ja väljaõpetatud 318 meest, ajas kuningaid taga ja tõi vara ja toidu tagasi. Soodoma kuningas tahtis Aabrahamile tänutäheks anda osa tagasivõetud varast, kuid ta keeldus seda vastu võtmast. Aabraham keeldus, kuna ta soovis tõendada, et tema õnnistus tuli vaid Jumala käest. Samuti kuuletus Aabraham usu läbi Jumala austuseks ja ta süda oli puhas ja kristallkaunis. Sellepärast Jumal õnnistas teda rohkesti nii maa peal kui ka Taevas.

Mooses, väljarände juht

Missugune süda oli väljarände juhil Moosesel, et ta sai Taevas tähtsuselt neljanda koha? 4. Moosese raamatus 12:3 öeldakse:

„Aga mees, Mooses, oli väga alandlik, alandlikum kõigist inimestest maa peal."

Juuda kirjas on stseen, kus peaingel Miikael vaidleb kuradiga Moosese ihu pärast, sest Mooses vastas Taevasse ülesvõtmise tingimustele ja ta ei pidanud surma nägema. Kui Mooses oli Egiptuse kuningapoeg, tappis ta kord egiptlase, kes peksis heebrealast. Selletõttu süüdistas kurat, et Mooses pidi surma nägema.

Aga peaingel Miikael vaidles kuradile vastu ja ütles, et Mooses oli vabaks saanud kogu patust ja kurjast ja ta vastas ülesvõtmise tingimustele. Matteuse 17. peatükis kirjutatakse, et Mooses ja Eelija tulid Taevast alla ja vestlesid Jeesusega. Neist faktidest saab järeldada, mis Moosese ihuga juhtus.

Mooses pidi vaarao paleest sooritatud mõrva tõttu pagema. Siis kasvatas ta nelikümmend aastat kõrbes lambaid. Kõrbekatsumuse ajal hävis kogu Moosese uhkus ning kõik ta soovid ja eneseõigus, mida ta vaarao palee kuningapojana omas. Üksnes pärast seda määras Jumal talle iisraellaste Egiptusest väljatoomise ülesande.

Nüüd pidi Mooses, kes tappis kord inimese ja pidi seetõttu pagema, taas vaarao ette minema ja tooma 400 aastat orjad olnud iisraellased Egiptusest välja. Inimliku mõtlemise jaoks tundus see võimatu olevat, aga Mooses kuuletus Jumalale ja läks vaarao juurde. Igaüks ei oleks saanud olla juht, kes toob miljonid iisraellased Egiptusest välja ja juhatab nad Kaananimaale. Sellepärast puhastas Jumal esialgu Moosest nelikümmend aastat kõrbes ja tegi temast suurepärase astja, mis suutis aktsepteerida kõiki iisraellasi ja neile vastu panna. Sel moel sai Moosesest inimene, kes oli suuteline kuuletuma ka katsumuste ajal surmasuus olles ja kes võis rahva väljatoomise ülesannet täita. Piibel näitab Moosese suurust hästi.

> *Ja Mooses läks jälle Isanda juurde ning ütles: „Oh häda! See rahvas on teinud suurt pattu ja on enesele valmistanud kuldjumalad. Kui sa nüüd siiski annaksid andeks nende patu! Aga kui mitte, siis kustuta mind oma raamatust, mille oled kirjutanud!"* (2. Moosese raamat 32:31-32)

Mooses teadis hästi, et tema nime kustutamine Isanda raamatust ei tähendanud vaid füüsilist surma. Ta teadis hästi, et need, kelle nimed ei ole Eluraamatusse kirja pandud, visati põrguleekidesse, kus on igavene surm ja igavene kannatamine. Mooses oli valmis minema igavesse surma oma rahva pattude andekssaamise eest.

Mida võis Jumal Moosest nähes tunda? Jumalal oli temast nii hea meel, sest ta mõistis täielikult Jumala südant, mis vihkas pattu ja ometi soovis patuseid säästa ja Jumal vastas ta palvele. Jumal pidas üksnes Moosest kõigist iisraellastest väärtuslikumaks, sest tal oli Jumala silmis õige süda ja ta süda oli sama puhas ja selge nagu Tema troonilt lähtuv eluvesi.

Kui leidub oasuuruseid veatuid plekita teemante ja sadu rusikasuuruseid kive, mida neist väärtuslikumaks pidada? Keegi ei vahetaks teemanditükki tavaliste kivide vastu.

Seega, mõistes, et üksnes Jumala südamega Mooses oli väärt enam kui kogu Iisraeli rahvas kokku, peaksime me saama puhta ja kristallkauni südame.

Paulus, paganate apostel

Taevase tähtsuse poolest on viiendal kohal apostel Paulus, kes pühendas oma elu paganatele evangeeliumi kuulutamisele. Kuigi ta oli jumalariigile surmani ustav ja väga kirglik, tundis ta oma mõtetes alati kahjutunnet, kuna ta oli enne Isanda vastuvõtmist Jeesusesse Kristusesse uskujaid taga kiusanud. Sellepärast tunnistas ta 1. Korintlastele 15:9: *„Mina ju olen apostlite seast kõige väiksem, see, keda ei kõlba hüüdagi apostliks, sest ma olen taga kiusanud Jumala kogudust."*

Aga kuna ta oli väga hea astjas, valis Jumal ta, puhastas ta ja kasutas teda paganate apostlina. 2. Korintlastele 11:23 ja edasi selgitatakse üksikasjalikult, kui palju ta kannatas evangeeliumi kuulutamise ajal raskuste tõttu ja me võime näha, et ta kannatas nii palju, et ta oli isegi surmaahastuses. Teda piitsutati ja vangistati mitu korda. Viis korda sai ta juutide käest ühe hoobi vähem kui nelikümmend; kolm korda peksti teda keppidega; üks kord püüti teda kividega surnuks visata; kolm korda elas ta üle laevahuku, ta oli terve öö ja päeva veevoogudes; ta oli tihti magamata; ta tundis nälga ja janu ja oli tihti söömata; ta oli külmas ja alasti (2. Korintlastele 11:23-27).

Paulus kannatas nii palju, et ta tunnistas 1. Korintlastele 4:9: *„Mulle tundub, et Jumal on meid, apostleid, pannud kõige viimasele kohale nagu surmamõistetuid areenil kogu maailmale vaadata, nii inglitele kui inimestele."*

Miks siis Jumal lubas surmani ustaval Paulusel kogeda nii palju raskusi ja tagakiusu? Jumal oleks võinud Paulust kõigi raskuste eest kaitsta, kuid Ta tahtis, et Pauluse süda muutuks nende raskuste kaudu puhtaks ja kauniks kui mägikristall.

Lõppude lõpuks võis apostel Paulus vaid Jumalalt tröösti ja rõõmu ammutada, end täielikult salates ja Kristuse täiuslikku kuju omandades. Nüüd ta võis tunnistada 2. Korintlastele 11:28: *„Peale kõige muu päevast päeva rahva kokkuvool minu juurde, mure kõigi koguduste pärast."*

Ta tunnistas ka Roomlastele 9:3: *„Sest ma sooviksin pigem ise olla neetud ja Kristusest lahutatud oma vendade heaks, kes on mu veresugulased."* Paulus, kellel oli puhas ja kristallkaunis süda, ei saanud üksnes Uude Jeruusalemma, vaid võis ka Jumala trooni juurde jääda.

3. Jumala silmis ilus naine

Me vaatasime juba Uue Jeruusalemma esimest pidusöömaaega. Kui Isa Jumal saali siseneb, on ta selja taga üks naine. Ta käib Isa Jumalaga valges kleidis, mis on peaaegu maani ja on paljude eriliiki vääriskividega ehitud. See naine on Maarja Magdaleena. Võttes arvesse asjaolud, et tol ajal oli naiste avaliku elu osa piiratud, ei saanud ta jumalariigi heaks palju korda saata, aga ta võis minna Taeva kõige austusväärsemasse kohta, kuna ta oli Jumala silmis väga ilus naine.

Nii nagu prohvetid on järjestatud selle alusel, kui palju nad sarnanevad Jumala südamele, on ka naised järjestatud teatud korra alusel, vastavalt sellele, mil määral Jumal neid tunnustas ja armastas.

Missugust elu siis need Jumala poolt tunnustatud ja armastatud naised maa peal elasid, et neist said Taevas austatud inimesed?

Maarja Magdaleena kohtus esimesena ülestõusnud Isandaga

Maarja Magdaleena on Jumal poolt kõige armastatuim naine. Pimeduse jõud sidus teda kaua ja teised panid teda pahaks ja põlastasid teda ja ta kannatas eri haiguste tõttu. Ühel niisugusel raskel päeval kuulis ta Jeesuse kohta sõnumeid, tegi valmis kalli lõhnaaine ja läks Tema ette. Ta kuulis, et Jeesus oli ühe variseri majja tulnud ja läks sinna, kuid ta ei julenud Tema ette minna, kuigi ta oli Temaga kaua kohtuda igatsenud. Ta läks Ta selja taha, tegi Ta jalad oma pisaratega märjaks, kuivatas need oma juustega ja purustas siis purgi ja valas lõhnaaine Tema peale. See usutegu vabastas teda tõvest tingitud valudest ja ta oli väga tänulik. Sellest ajast saadik armastas ta Jeesust väga ja järgnes Talle kõikjale, kuhu Ta iganes läks ja sa väga ilusaks naiseks, kes pühendas kogu oma elu Tema heaks (Luuka 8:1-3).

Ta järgis Jeesust ka siis kui Ta risti löödi ja hingas viimast korda, kuigi ta teadis, et üksnes tema sealviibimine oleks võinud talle elu maksma minna. Maarja läks kaugemale lihtsalt talle omaks saanud armu eest tasumise määrast, vaid järgis Jeesust ja pühendas Talle kõik, kaasa arvatud oma elu.

Maarja Magdaleena, kes Jeesust nii palju armastas, kohtus Isandaga esimesena pärast Tema ülestõusmist. Temast sai inimajaloo tähtsaim naine, kuna tal oli nii hea süda ja ta teod olid ilusad, nii et ta võis isegi Jumalat puudutada.

Neitsi Maarjat õnnistati Jeesuse eostamisega

Teine naine, kes on Jumala silmis väga ilus, on neitsi Maarja, keda õnnistati kogu inimkonna Päästjaks saanud Jeesuse eostamisega. Umbes 2000 aasta eest pidi Jeesus kõigi inimeste patust lunastamise jaoks lihas maa peale tulema. Selle teoks tegemiseks oli vaja Jumala silmis kohast naist ja Ta valis Maarja, kes oli sel ajal Joosepiga kihlatud. Jumal teatas talle eelnevalt peaingel Gaabrieli kaudu, et Püha Vaim eostab temas Jeesuse. Maarja ei mõtelnud oma inimliku meelega, vaid tunnistas julgelt oma usku: *„Vaata, siin on Isanda teenija, sündigu mulle Sinu Sõna järgi!"* (Luuka 1:38)

Sel ajal kui neitsi jäi rasedaks, ei saanud ta üksnes avaliku häbistamise osaliseks, vaid ta visati Moosese seaduse alusel ka kividega surnuks. Aga ta uskus oma südamepõhjas, et Jumalaga ei olnud midagi võimatut ja palus, et talle sünniks öeldu kohaselt. Tal oli piisavalt hea süda, et kuuletuda Jumala Sõnale ka siis, kui see oleks talle elu maksma läinud. Ta võis olla nii õnnelik ja tänulik, kui Jeesus eostati temas ja kui ta nägi Teda Jumala väes kasvamas! Maarjale, kes oli loodud olend, sai osaks nii suur õnnistus.

Sellepärast tundis ta nii suurt heameelt lihtsalt Jeesuse nägemisest ja ta teenis ja armastas Teda rohkem kui oma elu. Seetõttu õnnistas Jumal neitsi Maarjat väga ja ta sai kõigi taevaste naiste seast Maarja Magdaleena kõrval igavese au osaliseks.

Ester ei kartnud Jumala tahet teostada

Ester, kes päästis oma rahva vapralt usu ja armastuse kaudu, oli Jumala ees ilus naine ja sai Taevas kõige austusväärsema koha.

Pärast seda kui Pärsia kuningas Ahasveros võttis kuninganna Vasti kuningliku seisuse ära, valiti paljude ilusate naiste seast kuningannaks Ester, hoolimata sellest, et ta oli juut. Kuningas ja paljud inimesed armastasid teda, sest ta ei püüdnud toretseda ega olnud uhke, vaid ehtis end puhtuse ja maitsekusega, kuigi ta oli juba väga ilus.

Vahepeal, sel ajal kui Ester oli kuninglikus seisuses, sattusid juudid sügavasse kriisi. Agaglane Haaman, keda kuningas soosis, läks raevu kui Mordekai nimeline juut ei põlvitanud tema ette austuseks ja au andmiseks maha. Seega tegi ta kõikide Pärsia juutide hävitamiseks salaplaani ja sai kuningalt selle teostamiseks loa.

Ester paastus oma rahva eest kolm päeva ja otsustas siis kuninga ette minna (Ester 4:16). Sel ajal kehtiva Pärsia riigi seaduse kohaselt kuulus igaüks, kes kuninga ette ilma kutseta ilmus, surmamõistmisele, välja arvatud siis, kui kuningas selle inimese poole oma kuldkepi välja sirutas. Pärast kolme paastupäeva usaldas Ester Jumalat ja otsustas kuninga ette minna, öeldes endamisi: *„Kui ma hukkun, siis ma hukkun."* Jumala vahelesekkumise tulemusel tapeti salaplaani sepitsenud Haaman. Ester ei päästnud mitte üksnes oma rahva, vaid kuningas armastas teda veel rohkem kui varem.

Samuti peeti Estrit ilusaks naiseks ja ta sai aulise taevase koha, sest ta oli tugev tões ja ta julges Jumala tahte järgimiseks oma elu kaalule panna.

Rutil oli ilus hea süda

Vaatame nüüd lähemalt, kuidas elas Rutt, keda peeti Jumala silmis samuti ilusaks naiseks ja kellest sai Taevas üks tähtsamaid naisi. Milline süda oli tal ja missugused olid tema teod, mis tegid ta Jumalale meelepäraseks ja õnnistatuks?

Moabi naine Rutt abiellus iisraellasega, kelle pere oli näljahäda tõttu Moabimaale kolinud, kuid ta kaotas varsti oma abikaasa. Kõik mehed tema peres surid noorelt, seega ta elas oma ämma Noomi ja mehe vennanaise Orpaga. Noomi oli nende tuleviku pärast mures ja soovitas, et ta kaks pojanaist läheksid oma perekondade juurde tagasi. Orpa jättis Noomi nutuga, kuid Rutt jäi temaga ja tunnistas tundeliselt järgmist:

> *Ära käi mulle peale, et ma sind maha jätaksin ja pöörduksin tagasi su juurest, sest kuhu sina lähed, sinna lähen ka mina, ja kuhu sina jääd, sinna jään minagi! Sinu rahvas on minu rahvas ja sinu Jumal on minu Jumal. Kus sina sured, seal tahan ka mina surra ja sinna maetagu mindki! Isand tehku minuga ükskõik mida, ainult surm lahutagu mind ja sind!*

Kuna Rutil oli niisugune ilus süda, ei mõtelnud ta kunagi omakasu peale, vaid järgis headust, isegi kui see võis talle kahjulik olla ja täitis oma kohust, teenides oma ämma ustavalt ja õnnelikult.

Ruti ämma teenimine oli nii ilus tegu, et kogu küla teadis Ruti ustavusest ja armastas teda. Lõpuks sai ta ämma abiga sugulasest lunastaja Boase naiseks. Ta sünnitas poja ja temast sai Kuningas Taaveti vanavanaema (Rutt 4:13-17). Sellele lisaks õnnistati Ruti Jeesuse suguvõsas olekuga, kuigi ta oli paganarahva päritoluga naine (Matteuse 1:5-6) ja temast sai Estri kõrval üks ilusamaid naisi Taevas.

4. Maarja Magdaleena on Jumala trooni lähedal

Mis põhjusel siis Jumal andis meile teada esimesest pidusöömaajast, mida peetakse Uues Jeruusalemmas ja prohvetite ja naiste järjestusest? Armastuse Jumal ei taha, et kõik inimesed saaksid vaid päästetud ja jõuaksid taevariiki, vaid et nad oleksid ka Tema südame sarnased, et nad võiksid Uues Jeruusalemmas Tema trooni lähedal olla.

Selleks, et meil oleks au viibida Uues Jeruusalemmas Jumala trooni lähedal, peaks me süda olema Tema mägikristalli moodi puhta ja ilusa südame sarnane. Me peaksime saama südame, mis on sama ilus kui Uue Jeruusalemma müüride kaksteist aluskivi.

Seega, me vaatame nüüd lähemalt Isa Jumala trooni lähedal oleva ja Teda teeniva Maarja Magdaleena elu. Kui ma palvetasin „Johannese evangeeliumi loengute" eest, sain ma Püha Vaimu sisendusel Maarja Magdaleena elu kohta üksikasjalikult teada. Jumal ilmutas mulle, missugusesse perekonda Maarja Magdaleena sündis, kuidas ta elas ja kui õnnelik oli ta elu pärast meie Päästja Jeesusega kohtumist. Ma loodan, et te järgite tema ilusat ja head südant ja kõiges süü enese kanda võtmist ja eluandvat armastust Isanda vastu nii, et teilgi oleks au Jumala trooni juures olla.

Ta sündis ebajumalaid kummardavas peres

Ta nimeks sai „Maarja Magdaleena," sest ta sündis „Magdaleena" nimelises külas, mis oli täis ebajumalakummardamist. Tema perekond ei olnud erand; mitu sugupõlve tagasi tabas ta peret needus tõsise ebajumalakummardamise tõttu ja peres oli palju probleeme.

Maarja Magdaleena sündis kõige halvemas vaimses olukorras ja ei saanud korralikult süüa, kuna tal oli mao- ja peensoolepõletik. Samuti oli ta ihu vastuvõtlik igasugustele tõbedele, kuna ta oli suurema osa ajast füüsiliselt jõuetu. Pealegi, ka tema menstruatsioon peatus kui ta oli noor ja seega kaotas ta naisterahva elulise funktsiooni, mistõttu ta viibis alati kodus ja alandus, otsekui teda poleks seal olemas olnudki. Aga kuigi ka tema pereliikmed vaatasid talle ülevalt alla ja kohtlesid teda külmalt, ei kurtnud ta sellepärast kunagi. Selle asemel mõistis ta neid ja püüdis olla neile tugevuse allikaks, võttes kogu süü enese kanda. Kui ta mõistis, et ta ei suuda oma pereliikmetele jõudu enam anda, vaid oli neile koormaks, lahkus ta oma pere juurest. See ei sündinud vihkamisest ega vastikustundest nende halva kohtlemise pärast, vaid üksnes seetõttu, et ta ei tahtnud neile koormaks olla.

Püüdes parimat anda, võttes kogu süü enda kanda

Vahepeal kohtus ta ühe mehega ja püüdis tema peale loota, kuid see oli kurja südamega mees. Ta ei püüdnud perekonda toetada, vaid tegeles see-eest hoopis mängurlusega. Ta palus, et Maarja Magdaleena tooks talle lisaraha ja karjus sageli ta peale ja peksis teda.

Maarja Magdaleena hakkas õmblustööga tegelema, samal ajal otsides püsivama sissetuleku teenimise võimalust. Aga kuna ta oli loomupäraselt nõrk ja töötas kogu päeva, muutus ta veelgi nõrgemaks ja pidi veel enam kellegi teise peale toetuma. Kuid isegi kui tema toetas meest, ei olnud mees talle isegi tänulik, vaid ei hoolinud temast ja surus teda alla. Maarja Magdaleena ei vihanud teda, vaid tundis selle asemel kurbust, et ta ei suutnud oma ihuliku nõrkuse tõttu meest rohkem aidata ja pidas kogu enese väärkohtlemist põhjendatuks.

Kui ta oli nii meeleheitlikus olukorras, vanemate, vendade ja mehe poolt hüljatud, kuulis ta väga häid sõnumeid. Ta kuulis sõnumeid Jeesusest, kes tegi imestusväärseid imetegusid, pannes pimedad nägema ja tummad kõnelema. Kui Maarja Magdaleena kuulis kõigist neist asjust, ei kahelnud ta oma väga hea südame tõttu Jeesuse tehtud tunnustähtedes ja imetegudes. Selle asemel oli tal usk, et ta võis Jeesusega kohtumisel terveneda oma nõrkusest ja tõbedest.

Ta uskus ja igatses Jeesusega kohtuda. Lõpuks ta kuulis, et Jeesus oli tema külasse tulnud ja viibis Siimona nimelise variseri majas.

Lõhnaaine valamine usus

Maarja Magdaleena oli nii õnnelik, et ta ostis õmblustöö eest säästetud summa eest lõhnaainet. Tema tundeid Jeesusega kohtumisel ei ole võimalik küllaldaselt kirjeldada.

Inimesed püüdsid teda tagasi hoida, et ta ei läheneks Jeesusele, sest ta oli halvasti riides, kuid keegi ei saanud tema kirge peatada. Hoolimata inimeste teravatest pilkudest, läks Maarja Magdaleena Jeesuse juurde ja ei suutnud lakata nutmast kui ta nägi Tema kurjuseta kehakuju.

Ta ei julgenud Jeesuse ette seista, seega ta läks Tema selja taha. Kui ta oli Tema jalge ees, valas ta veelgi enam pisaraid ja Ta jalad said neist märjaks. Ta kuivatas Jeesuse jalad oma juustega ja tegi katki lõhnaaine purgi, et selle sisu Jeesuse jalgade peale valada, sest Ta oli tema silmis nii kallis.

Kuna Maarja Magdaleena tuli Jeesuse juurde suure tõsidusega, ei saanud ta üksnes oma patud andeks, et pääseda, vaid temas leidis aset ka imeline tervenemine, mis tervendas ta kõigist sisehaigustest ja ka nahahaigusest. Kõik tema ihuorganid hakkasid jälle normaalselt tööle ja ta menstruatsioon taastus. Tema nägu, mis oli tõbede tõttu väga kohutava välimusega, täitus rõõmu ja õnnega ja tema ihu, mis oli varem väga jõuetu, sai terveks. Ta leidis taas oma väärtuse naisena ja ei olnud enam seotud pimedusejõudude poolt.

Jeesuse järgimine lõpuni

Maarja Magdaleena koges midagi, mille eest ta oli veel rohkem tänulikum kui tervenemise eest. Ta kohtus isikuga, kes armastas teda ülevoolavalt, nii nagu keegi polnud teda varem armastanud. Sellest ajast saadik pühendas ta kogu oma aja ja kire suure rõõmu ja tänuga Jeesusele. Kuna ta sai terveks, võis ta Jeesust õmblemise ja muu töö eest saadud summadega toetada ja Teda kogu südamest järgida.

Maarja Magdaleena ei järginud Jeesust vaid siis, kui Ta tegi tunnustähti ja imetegusid ja muutis vägevate sõnumitega paljude elu, vaid ta oli Temaga ka siis kui Ta kannatas Rooma sõdurite tõttu ja läks ristile. Ta püsis Jeesuse juures ka siis, kui Ta ristil oli. Maarja Magdaleena läks risti kandvat Jeesust järgides Kolgata mäele, hoolimata sellest, et sealviibimine võis talle elu maksma minna.

Mida ta võis tunda, kui ta südamest armastatud Jeesus, kannatas nii palju valu ja valas kogu oma vee ja vere?

Isand, mida teha,
mida teha?
Isand, kuidas edasi elada?
Kuidas ma võin Sinuta elada, Isand?
...

Kui ma vaid saaksin võtta vere,
mille Sa valasid,
kui ma võiksin võtta vaid valu,
mida Sa kannatad.

...

Isand,
ma ei saa Sinuta elada.
ma ei saa elada
kui ma pole Sinuga.

Maarja Magdaleena hoidis oma silmad Jeesusel kuni Ta viimase hingetõmbeni ja püüdis oma südamepõhjas jäädvustada Tema silmade sädeluse ja Tema näoilme. Sellele lisaks jälgis ta Jeesust Tema viimase hetkeni ja järgis Arimaatia Joosepit, kes pani Jeesuse ihu hauakambrisse.

Koidikul ülestõusnud Isanda nägemine

Maarja Magdaleena ootas hingamispäeva möödumist ja läks selle järgse päeva hommikul hauale, et Jeesuse ihule lõhnaainet panna. Aga ta ei leidnud Tema ihu. Ta tundis sügavat kurbust ja nuttis seal. Siis ilmus talle ülestõusnud Isand. Niimoodi oli tal au ülestõusnud Isandaga kõige esimesena kohtuda.

Isegi pärast Jeesuse ristisurma ei suutnud ta seda uskuda. Jeesus tähendas tema jaoks kõike ja ta armastas Teda väga palju. Kui õnnelik ta oli kui ta kohtus ülestõusnud Isandaga selles kohutavas olukorras! Ta pisarad voolasid lakkamata tugevast meeleliigutusest. Ta ei tundnud Isandat kohe ära, aga kui Ta kutsus teda vaikse häälega ja ütles „Maarja," tundis ta Teda ära. Johannese 20:17 ütles ülestõusnud Isand talle: *„Ära puuduta mind, ma ei ole veel üles Isa juurde läinud. Aga mine mu vendade juurde ja ütle neile: Ma lähen üles oma Isa ja teie Isa ning oma Jumala ja teie Jumala juurde."* Kuna Isand armastas samuti Maarja Magdaleenat väga palju, näitas Ta end talle enne kui ta pärast ülestõusmist Isa juurde läks.

Jeesuse ülestõusmise uudiste viimine

Kas te suudate ette kujutada, kui vaoshoidmatult õnnelik võis Maarja Magdaleena olla kui ta kohtus ülestõusnud Isandaga, keda ta armastas nii väga? Ta tunnistas, et ta oleks soovinud Isandaga igaveseks jääda. Isand teadis ta südant, kuid selgitas Maarja Magdaleenale, et ta ei saanud sel hetkel Temaga jääda ja andis talle ülesande. Ta pidi jüngritele viima sõnumi Tema ülestõusmise kohta, sest nende mõtted vajasid rahunemist ja tröösti pärast Jeesuse ristilöömisest tingitud šoki kogemist.

Johannese 20:18 kirjutatakse, et *„Maarja Magdaleena tuli ja kuulutas jüngritele: Ma olen näinud Isandat ja seda kõike Ta ütles mulle."* See ei olnud kokkusattumus, et Maarja Magdaleena tunnistas Isanda ülestõusmist enne teisi ja viis jüngritele selle kohta sõnumi. See oli kogu tema Isandasse kiindumuse ja Tema kirgliku armastusega teenimise tagajärg.

Kui Pilaatus oleks küsinud, kas keegi oleks olnud valmis end laskma Jeesuse eest risti lüüa, oleks ta esimeste seas öelnud „jah" ja rahva seast esile astunud; Maarja Magdaleena armastas Jeesust rohkem kui oma elu ja teenis Teda täieliku andumusega.

Isa Jumala teenimise au

Jumalal oli väga hea kurjuseta südame ja täieliku vaimse armastusega Maarja Magdaleena üle nii hea meel. Maarja Magdaleena armastas Jeesust Temaga kohtumisest saadik püsiva tõese armastusega. Isa Jumal võttis tema hea ilusa südame vastu ja tahtis teda Enese lähedale, et Ta võiks tunda tema südame head ja meeldivat lõhna. Sellepärast lubaski Ta õige aja saabudes Maarja Magdaleenale Tema teenimise au ja ta võis isegi Tema trooni puudutada.

Isa Jumal tahab kõige rohkem omale tõelisi lapsi, kellega oma tõelist armastust igavesti jagada. Sellepärast plaanis Ta inimese kasvatamise ja moodustus Kolmainsuseks ning ootas kannatlikult väga väga kaua inimolendite maa peal olemist.

Nüüd kui kõik taevased eluasemed on valmis saanud, ilmub Isand õhus ja peab oma pruutidega pulma pidusöömaaja. Siis laseb Ta neid Endaga tuhat aastat valitseda ja viib nad nende taevastesse eluasemetesse. Me elame Kolmainu Jumalaga äärmise õnne ja rõõmuga mägikristalli sarnases selges, puhtas ja ilusas Jumala aust tulvil Taevas igavesti. Kui õnnelikud on need, kes võivad minna Uude Jeruusalemma, sest nad võivad Jumalat palgest palgesse näha ja Temaga igavesti olla!

Kakstuhat aastat tagasi küsis Jeesus: *„Ometi, kui Inimese Poeg tuleb, kas Ta leiab usku maa pealt?"* (Luuka 18:8) Tänapäeval on väga raske tõelist usku leida.

Apostel Paulus, kes juhatas sisse paganatele evangeeliumi kuulutamise ülesande, kirjutas veidi enne surma kirja oma vaimsele pojale Timoteosele, kes kannatas ketserlike lahkuskude ja kristlaste tagakiusu tõttu.

Ma vannutan sind Jumala ja Kristuse Jeesuse ees, kes tuleb kohut mõistma elavate ja surnute üle, ning Tema ilmumise ja Tema kuningriigi nimel: Kuuluta Sõna, astu esile, olgu aeg paras või ärgu olgu, noomi, manitse, julgusta igati pika meelega ja õpetamisega. Sest tuleb aeg, mil nad ei salli tervet õpetust, vaid otsivad endile oma himude järgi õpetajaid, kes kõditavad nende kõrvu, ja pööravad end eemale tõest ning pöörduvad müütide poole. Aga sina ole igati kaine, kannata kurja, tee evangeeliumikuulutaja tööd, täida oma hoolekandetööd! Sest mind valatakse juba joogiohvrina ja mu lahkumisaeg on käes. Olen võidelnud head võitlemist, lõpetanud elujooksu, säilitanud usu. Nüüd on mulle valmis pandud õiguse pärg, mille Isand, õiglane kohtunik, oma päeval mulle annab, aga mitte üksnes mulle, vaid kõikidele, kes igatsevad Tema ilmumist (2. Timoteosele 4:1-8).

Kui teil on taevalootus ja te igatsete Isanda ilmumist, peate te püüdma Jumala Sõna kohaselt elada ja head usuvõitlust võidelda. Apostel Paulus rõõmustas alati, kuigi ta kannatas inimestele heade uudiste kuulutamise käigus väga palju.

Seega me peame samuti oma südame pühitsema ja tegema oma ülesannete täitmise käigus rohkem kui meile teha on antud, et olla Jumalale niivõrd meeltmööda, et me võiksime Jumala trooni lähedal viibides Temaga igavesti tõelist armastust jagada.

„Mu Isand,
kes tuleb
aupilvede peal,
ma igatsen seda päeva,
mil saan Sind emmata!
Et Sinu aulise trooni kõrval
Sinuga igavest armastust jagada,
mida ma maa peal teha ei saanud
ja ühes Sinuga möödunut meenutada.
Ah! Ma lähen taevariiki
tantsuga
kui Isand kutsub mind!
Oh, taevariik!"

Autor:
Dr. Jaerock Lee

Dr. Jaerock Lee sündis 1943. aastal Muanis, Jeonnami provintsis, Korea Vabariigis. Kahekümnesena oli Dr. Lee mitmete ravimatute haiguste tõttu seitse aastat haige ja ootas surma ilma paranemislootuseta. Kuid õde viis ta ühel 1974. aasta kevadpäeval kogudusse ja kui ta põlvitas, et palvetada, tervendas elav Jumal ta kohe kõigist haigustest.

Hetkest kui Dr. Lee kohtus selle imelise kogemuse kaudu elava Jumalaga, on ta Jumalat kogu südamest siiralt armastanud ja Jumal kutsus ta 1978. aastal end teenima. Ta palvetas tuliselt, et ta võiks Jumala tahet selgelt mõista ja seda täielikult teha ning kuuletuda kogu Jumala Sõnale. 1982. aastal asutas ta Manmini koguduse Seoulis, Lõuna-Koreas ja tema koguduses on aset leidnud arvukad Jumala teod, kaasa arvatud imepärased tervenemised ja imed.

1986. aastal ordineeriti Dr. Lee Korea Jeesuse Sungkyuli koguduse aastaassambleel pastoriks ja neli aastat hiljem – 1990. aastal, hakati tema jutlusi edastama Austraalia, Venemaa, Filipiinide ülekannetes ja paljudes muudes kohtades Kaug-Ida ringhäälingukompanii, Aasia ringhäälingujaama ja Washingtoni kristliku raadiosüsteemi vahendusel.

Kolm aastat hiljem, 1993. aastal, valis *Christian World (Kristliku maailma)* ajakiri (USA) Manmini Keskkoguduse üheks „Maailma 50 tähtsamast kogudusest" ja *Christian Faith College (Kristlik Usukolledž)*, Floridas, USA-s andis talle Teoloogia audoktori tiitli ja 1996. aastal sai ta Ph.D. teenistusalase kraadi Kingsway Teoloogiaseminarist Iowas, USA-s.

1993. aastast alates on Dr. Lee juhtinud maailma misjonitööd, viies läbi palju välismaiseid krusaade Tansaanias, Argentinas, L.A.-s, Baltimore City's, Havail ja New York City's USA-s, Ugandas, Jaapanis, Pakistanis, Kenyas, Filipiinidel, Hondurasel, Indias, Venemaal, Saksamaal, Peruus, Kongo Rahvavabariigis, Iisraelis ja Eestis.

2002. aastal kutsuti teda Korea peamistes kristlikes ajalehtedes tema väelise teenistuse tõttu erinevatel väliskoosolekusarjadel „ülemaailmseks äratusjutlustajaks". Ta kuulutas julgelt, et Jeesus Kristus on Messias ja

Päästja eriti „New Yorki 2006. aasta koosolekusarja" käigus, mis toimus maailma kuulsaimal laval Madison Square Gardenis ja mida edastati 220 riiki ja Jeruusalemma rahvusvahelises koosolekukeskuses toimunud „2009. aasta Iisraeli ühendkoosolekute sarja" käigus.

Tema jutlusi edastatakse 176 riiki satelliitide kaudu, kaasa arvatud GCN TV ja ta kuulus Venemaa populaarse kristliku ajakirja *In Victory (Võidukas)* ja uudisteagentuuri *Christian Telegraph (Kristlik Telegraaf)* sõnul 2009. ja 2010. aastal oma vägeva teleedastusteenistuse ja välismaiste koguduste pastoriks olemise tõttu kümne kõige mõjukama kristliku juhi sekka.

2017. aasta novembris alates koosneb Manmini Keskkogudus rohkem kui 130 000 liikmest. Kogudusel on 11000 sisemaist ja välismaist harukogudust, mille hulka kuuluvad 56 kodumaist harukogudust ja praeguseni on sealt välja lähetatud rohkem kui 98 misjonäri 26 maale, kaasa arvatud Ameerika Ühendriigid, Venemaa, Saksamaa, Kanada, Jaapan, Hiina, Prantsusmaa, India, Kenya ja paljud muud maad.

Tänaseni on Dr. Lee kirjutanud 110 raamatut, kaasa arvatud bestsellerid *Maitsedes Igavest Elu Enne Surma, Minu Elu, Minu Usk I ja II osa, Risti Sõnum, Usu Mõõt, Taevas I ja II osa, Põrgu, Ärka Iisrael!* ja *Jumala Vägi* ja tema teosed on tõlgitud enam kui 76 keelde.

Tema kristlikud veerud ilmuvad väljaannetes *The Hankook Ilbo, The JoongAng Daily, The Chosun Ilbo, The Dong-A Ilbo, The Hankyoreh Shinmun, The Seoul Shinmun, The Kyunghyang Shinmun, The Korea Economic Daily, The Shisa News* ja *The Christian Press.*

Dr. Lee on praegu mitme misjoniorganisatsiooni ja -ühingu asutaja ja president, kaasa arvatud Jeesuse Kristuse Ühendatud Pühaduskogudus esimees; Ülemaailmse Kristliku Äratusmisjoni Liidu asutaja; Ülemaailmse Kristliku Võrgu CGN asutaja ja juhatuse esimees; Ülemaailmse Kristlike Arstide Võrgu WCDN asutaja ja juhatuse esimees; Manmini Rahvusvahelise Seminari MIS asutaja ja juhatuse esimees.

Teised kaalukad teosed samalt autorilt

Taevas I

Üksikasjalik ülevaade taevakodanike toredast elukeskkonnast keset Jumala au ja taevariigi eri tasemete ilus kirjeldus.

Risti sõnum

Võimas äratussõnum kõigile, kes on vaimses unes! Sellest raamatust leiate te põhjuse, miks Jeesus on ainus Päästja ja tõeline Jumala armastus.

Põrgu

Tõsine sõnum kogu inimkonnale Jumalalt, kes soovib, et ükski hing ei sattuks põrgu sügavustesse! Te leiate mitte kunagi varem ilmutatud ülevaate surmavalla ja põrgu julmast tegelikkusest.

Vaim, Hing ja Ihu I & II

Inimese koostisosade – vaimu, hinge ja ihu vaimse mõistmise kaudu saavad lugejad näha oma „minaolemust" ja elust enesest aru saada.

Usumõõt

Missugune elukoht, aukroon ja tasu on sulle Taevas valmistatud? Sellest raamatust saab tarkust ja juhatust usu mõõtmiseks ja parima ning kõige küpsema usu arendamiseks.

Ärka, Iisrael

Miks on Jumal pidanud Iisraeli maailma algusest kuni tänapäevani silmas? Missugune Jumala ettehoole on lõpuajaks valmistatud Iisraelile, kes ootab Messiase tulekut?

Minu Elu ja Mu Usk I & II

Kõige hõrgum vaimne lõhn, mis tuleb Jumala armastusega õilmitsevast elust keset süngeid laineid, külma iket ja sügavaimat meeleheidet.

Jumala vägi

Kohustuslik kirjandus, mis on vajalik juhis tõelise usu omamiseks ja Jumala imelise väe kogemiseks.

www.urimbooks.com

www.ingramcontent.com/pod-product-compliance
Lightning Source LLC
LaVergne TN
LVHW041803060526
838201LV00046B/1109